Florian Kinast

111 Ort[illegible] Kinder in München, die man gesehen haben muss

111

emons:

MIX
Papier aus verantwortungsvollen Quellen
FSC® C083411

Bibliografische Information der Deutschen Nationalbibliothek
Die Deutsche Nationalbibliothek verzeichnet diese Publikation in der Deutschen Nationalbibliografie; detaillierte bibliografische Daten sind im Internet über http://dnb.d-nb.de abrufbar.

Layout: Editorial Design & Artdirection, Conny Laue, Bochum,
nach einem Konzept von Lübbeke | Naumann | Thoben und Nina Schäfer
Kartografie: altancicek.design, www.altancicek.de
Kartenbasisinformationen aus Openstreetmap,
© OpenStreetMap-Mitwirkende, ODbL
Druck und Bindung: CPI – Clausen & Bosse, Leck
Printed in Germany 2018
ISBN 978-3-7408-0431-2
Originalausgabe

VORWORT

Kinder, Kinder, was ein Spaß, diese Stadt. Sachen gibt's, und was für welche. Spielplätze und Schwimmbäder, Museen und Theater, Parks und Wiesen, endlos Freizeitgaudi drinnen wie draußen. München, du lustig kindliche und wunderbar verspielte Traumstadt.

Dieses Buch lädt nun ein auf eine spannende Reise zu – drei mal drei macht sechs widdewiddewitt und hundertfünf macht – 111 Orten innerhalb und einigen wenigen ausgewählten etwas außerhalb der Stadt: zu unverwüstlichen Klassikern, vor allem aber zu unbekannteren und vielleicht für manch einen noch geheimen Plätzen. Verwunschene und versteckte Orte, magisch und liebenswert, verblüffend und erstaunlich. Orte, an denen man womöglich schon unzählige Male vorbeigegangen ist, aber nie genau hingeschaut hat. Orte, an denen Kinder etwas entdecken oder die Eltern interessante Geschichten erzählen können. Dieses Buch nimmt mit auf eine Fahrt über die längste Rolltreppe, führt vorbei am seltsamen Riesen vom Marienplatz und lüftet das Geheimnis der sonderbaren X-Brücke. Es geleitet in die Gasse mit den Klangsteinen und ins unbekannte Drei-Seen-Land, zu Geisterbahnhof und Märchenwald.

Und es beantwortet all die wichtigen Fragen: Wo kann man kickern und klettern, im See baden und auf dem Trampolin springen? Wo gibt es Action und wo Natur? Wo kann man stundenlang herumtoben und wo stundenlang im Bach planschen? Wo gibt es die schönsten Aussichtspunkte auf Züge und Flugzeuge – und wie kommt das Schiff auf die Brücke? Wo gibt es die besten Cafés für Kinder? Wo treibt der Pumuckl Schabernack? Und an welchem Kiosk zeichnet die Verkäuferin auf jede Süßigkeitentüte noch ein kleines Bild? Wie gemalt, dieses München-Buch für Kinder.

Also nichts wie los, auf geht's durch die kunterbunte Kinderstadt, in diese prall gefüllte, wundervolle Wundertüte mit all ihren vielen Überraschungen. München, was für ein Spaß!

111 ORTE

KASSE

1_DAS AHA IN DER PARKMAUER

Nymphenburg: Schlossblick mit Überraschungseffekt

Als Eingeborener muss man wenigstens einmal in seinem Leben drin gewesen sein und als Tourist auf Kurzvisite natürlich auch. Das Schloss Nymphenburg steht auf der Liste der Münchner Sehenswürdigkeiten ganz oben. Zum Standard zählt auch ein Bummel durch den Schlosspark mit seinen Seen, Gärten, kleinen Burgen. Kennt man.

Wer aber einmal samt Kindern auf weniger ausgetretenen Wegen unterwegs sein möchte, für den empfiehlt sich ein Spaziergang außenrum. Einmal um die Schlossmauer, eine Runde mit vierfachem Aha-Effekt. Im wahrsten Sinne des Wortes.

1735 wurde die Mauer zum Schutz vor Wild errichtet, zu einer Zeit, als das wegen des Überraschungseffekts sogenannte »Aha« oder auch »Ha-Ha« in der europäischen Gartenkunst gerade der absolute Brüller war. Gemeint waren Öffnungen in den Mauern, die aus dem Inneren des Parks gesehen die Anlage über baumlose Wiesen hinweg unbegrenzter erscheinen ließen – und dem Spaziergänger draußen neue Perspektiven nach innen boten.

In Nymphenburg entstanden die Ahas Anfang des 19. Jahrhunderts, als Friedrich Ludwig Sckell den Park zum Landschaftsgarten umgestaltete. Bis heute gibt es gleich vier Stellen, an denen die Mauer auf einer Breite von bis zu 20 Metern ebenerdig abgesenkt wurde. Der schönste Blick auf Park und Schloss befindet sich im Nordwesten der Mauer. Das vierfache Aha, eine wahre Schau.

Adresse An der Schloßmauer, 80639 München // ÖPNV Tram 17, Bus 51, 151, Haltestelle Schloss Nymphenburg // ab 3 Jahre

TIPP: Alle zwei Wochen bietet das Schloss Nymphenburg Kinderführungen mit Themen an, zum Beispiel »Wie machten sich Prinzen und Prinzessinnen schön?« oder »Ri, ra, rutsch, wir fahren mit der Kutsch: Wie reisten einst die Königskinder?«. Infos auf der Homepage www.schloss-nymphenburg.de.

2_AUF DEM ALTEN FLIEGERHORST

Landschaftspark Hachinger Tal: Radeln auf der Landebahn

Flugzeuge fliegen hier schon lang nicht mehr. Dafür Bläulinge, Zitronenfalter und Schwalbenschwänze. Und die breitesten Spannweiten haben nicht mehr 99 Düsenflieger, sondern Turmfalken, Saatkrähen und Feldlerchen. Der Ort hat eine eindrucksvolle Wandlung erlebt, vom alten Fliegerhorst zu einem Naturreservat und Familienfreizeitparadies.

Der alte Flugplatz wurde lange von Bundeswehr und Polizei genutzt. 1998 endete der Flugbetrieb, danach verkaufte die Bundesregierung das Gelände zu einem Spottpreis an die Gemeinden Unterhaching, Neubiberg und Ottobrunn – mit der Bedingung, das Gelände 20 Jahre nicht zu bebauen.

So entstand der »Landschaftspark Hachinger Tal« mit seinem Herzstück, der 2,2 Kilometer langen und 35 Meter breiten Start- und Landebahn, eine faszinierende Asphaltwüste, auf der Radfahrer, Inlineskater und Kitesurfer reichlich Auslauf haben. Auf der Neubiberger Ostseite gibt es Beachvolleyballplatz, Skatepark und Spielplatz, rund um den Hachinger Bach entstanden kleine Auwälder.

Die Sorgen wuchsen 2018, als mit Ende der Bebauungssperrfrist befürchtet wurde, das Gelände würde nun mit Gewerbegebieten zugepflastert werden. Erfreulicherweise erklärte Hachings Bürgermeister, man werde den Landschaftspark als Freizeit- und Naturparadies erhalten. Sehr zur einhelligen Freude von Radlern und Feldlerchen, Inlineskatern und Zitronenfaltern.

TIPP: Hinter dem Ostrand des Landschaftsparks empfiehlt sich ein Besuch des Neubiberger Umweltgartens. Die Besucher sehen hier Ponys, Schafe, Ziegen, Kaninchen, Hühner, Gänse, Enten und sogar ein Bienenhaus.

Adresse An der Hachinger Haid, 82008 Unterhaching // **ÖPNV** von Westen kommend: S 3, Haltestelle Unterhaching, oder U 5, Haltestelle Neuperlach Süd, dann Bus 217, Haltestelle Am Sportpark; von Osten: S 7, Haltestelle Neubiberg, oder U 5, Haltestelle Neuperlach Süd, dann Bus 210, 211, 212, 222, 229, Haltestelle Werner-Heisenberg-Weg // ab 3 Jahre

3_IM ALTEN OBERFÖHRING

Auf Spurensuche in der Münchner Stadtgeschichte

An der Salzbrücke. Zur Alten Ziegelei. Es sind Straßen mit eigentümlichen Bezeichnungen, die hier an die historische Bedeutung des Viertels erinnern. Manche nennen Oberföhring die Mutter Münchens. Ob Mutter oder Hebamme: Zumindest war auf die Gegend aus Münchner Sicht immer Verlass.

Der Exkurs in die Vergangenheit beginnt in der Straße An der Salzbrücke. Etwa auf dieser Höhe – der genaue Standort ist bis heute nicht bekannt – war die Stelle, wo die für den Handel so wichtige Salzstraße die Isar querte. Dann kam Heinrich der Löwe, zerstörte 1158 im Streit mit dem Freisinger Bischof die Brücke und baute weiter südlich seinen eigenen Flussübergang – man weiß, das bedeutete die Gründung Münchens.

Aber auch die weitere Entwicklung der Stadt wurde stark von Oberföhring mitgeprägt. Denn auf einem Landstrich von Ramersdorf im Süden bis Ismaning im Norden erstreckte sich über 16 Kilometer eine üppige Lehmzunge. Zu einem wahren Lehmrausch kam es im 19. Jahrhundert, als die sogenannten »Loambarone« zu den heimlichen Herrschern der Stadt wurden. An die 100 Ziegeleien entstanden, sie sorgten nach 1945 auch maßgeblich für den Wiederaufbau der zerbombten Stadt – bis die Lehmzunge abgeziegelt war. Die Ressourcen waren verbraucht.

Als Kulturdenkmal stehen heute noch ein alter Trockenstadl der Ziegelei Haid und gleich daneben das 2013 renovierte Maschinenhaus. Ein altes Sprichwort lautet: »Ohne Lehm tät's München nicht geb'n.« Und ohne Oberföhring auch nicht.

Adresse An der Salzbrücke, An der Alten Ziegelei, 81925 München // **ÖPNV** Tram 16, 17, Haltestelle Taimerhofstraße // ab 5 Jahre

TIPP: Der Stadtteilverein NordOstKultur veranstaltet immer wieder Führungen durch die Alte Ziegelei und bietet dazu Touren durch die ganze Gegend an. Termine und Infos unter www.nordostkultur-muenchen.de.

4_IM ALTEN PETER

Für fünf Cent: wo Jesus wie auf Schienen geht

Das Panorama vom Turm des Alten Peter ist phänomenal. Viel unbeachteter als die Aussicht von oben, aber allemal einen Hingucker wert ist eine Stelle im hinteren Bereich des Kirchenschiffs. Ein Glaskasten mit Kapelle, den man vor Jahrzehnten als Kind schon lieb gewonnen hatte, wenn man an Heiligabend mittags samt Vater mit der Neunzehner in die Stadt gefahren war, um in den letzten Minuten des Christkindlmarkts für das Strohdach am Kripperl noch einen Kometen zu kaufen, weil der alte an Weihnachten vor einem Jahr durchgeschmort war.

Genau da gehörte es immer zum lang ersehnten Pflichtprogramm, im Alten Peter in den Münzschlitz des finsteren Glaskastens ein Fünferl zu werfen, fünf Pfennig. Im Nu kam Licht ins Dunkel, eine Glocke bimmelte, vorne öffnete sich die Tür, und auf einer Schiene fuhr eine kleine Jesus-Figur heraus und erteilte ihren Segen. Dann fuhr das Christkindl wieder zurück, die Tür ging zu, das Licht erlosch, die Glocke verstummte.

Jahr für Jahr ging man in den Alten Peter, immer besorgt, der Kasten könnte verschwunden sein. Aber es gibt ihn noch heute, und er kostet immer noch ein Fünferl. Nur inzwischen eben fünf Cent.

So in den 1950er Jahren, hört man im Pfarrbüro, habe es in süddeutschen Kirchen zahllose solcher Kästen gegeben, doch nach und nach seien sie verschwunden. Und dass es nun in Bayern nur noch drei Stück gebe und immer weniger Experten, die die alte Mechanik reparieren könnten. Möge er noch lange funktionieren, der Kasten mit dem Segen für ein Fünferl.

Adresse Rindermarkt 1, 80331 München // ÖPNV S 1 bis S 8, U 3, U 6, Bus 132, Haltestelle Marienplatz // ab 0 Jahre

TIPP: Ein kleines Suchrätsel: Wer findet als Erster die Kanonenkugel? Während der Napoleonischen Kriege ab 1792 flog einmal eine vom Gasteig abgefeuerte Kanonenkugel durch ein Kirchenfenster des Alten Peter, mitten während eines Gottesdienstes. Der Pfarrer bewahrte die Kugel auf und brachte sie als Mahnung vor dem Krieg an der Außenmauer der Kirche an. Wo steckt sie?

5_DER BAUMRIESE

Eine Menge Holz in der Winzererstraße

Ob im Englischen Garten oder den Isarauen: Bäume prägen das Bild der Stadt, rund drei Millionen gibt es von ihnen in München. Den wohl imposantesten Baum findet man aber nicht in einer Grünanlage, sondern mitten im Westen Schwabings. Und der Baum steht auch nicht, er liegt vielmehr etwas schräg. Ja, er wirkt entwurzelt, der afrikanische Makoré-Stamm vor der Winzererstraße 45.

Auf Schautafeln ist die Geschichte der abenteuerlichen Reise des Baums zu lesen. Wie er 1973 anlässlich der Münchner Forstmesse von der Elfenbeinküste an die Isar kam, per Schiff bis Rotterdam und dann mit dem Zug nach München – als größter und schwerster Baumstamm, der je von Afrika nach Europa gelangte. Eine Menge Holz.

Die Messe verging, der Baum blieb. 1980 bekam ihn die Holzforschung München als Geschenk, ein Institut der Technischen Universität mit Stammsitz in der Winzererstraße 45. Darum auch der Standort hier. Seit 2011 gilt er als Naturdenkmal. Neben seiner Geschichte erfährt man hier auch noch spezifische Holzeigenschaften hinsichtlich Rohdichte, Biegefestigkeit und differenzieller Quellung, ob tangential oder radial. Na dann. Kann man verstehen, muss man aber nicht. Als Laie ist man da schnell auf dem Holzweg.

Viel beeindruckender als fachspezifische Zahlen ist ganz einfach der Anblick dieses stolzen Baumstamms. Und irgendwie ist er mit den Jahren ins Viertel ganz gut hineingewachsen.

Adresse Winzererstraße 45, 80797 München // **ÖPNV** U 2, Haltestelle Hohenzollernplatz, Tram 27, Haltestelle Herzogstraße // ab 0 Jahre

TIPP: Zu jeder Jahreszeit einen Besuch wert, ob die Schwimmhalle innen oder das Außenbecken samt Liegewiese: das Nordbad, der Heim-Pool Schwabings.

6_IN DER BAUMSCHULE BISCHWEILER

Beim Rosengarten und den Giftgewächsen

Achtung, liebe Kinder, bitte aufpassen. Einigen Gewächsen solltet ihr nicht zu nahe kommen. Pfaffenhütchen etwa und Fingerhut. Tollkirsche und Maiglöckchen. Geht mitunter recht giftig zu in der Baumschule Bischweiler in Untergiesing, im Volksmund einfach auch bekannt als der Rosengarten.

Das Gelände ist im Sommer ein prachtvoll buntes Botanikum. Ein betörendes Erlebnis mit den unterschiedlichsten Themenbereichen, ob im Rosengarten, ob im Duft- oder im Fliedergarten – und natürlich im Tastgarten, einem Bereich speziell für Blinde, die in den Hochbeeten die Pflanzen leicht erschnuppern und ertasten und Informationen in Blindenschrift lesen können. Auch für Sehende ein spannendes Erlebnis, sich mit geschlossenen Augen entlang der Pflanzen fortzubewegen.

Und dann natürlich das ganze toxische Gewächs, bei dem es – darauf kann man als Besucher Gift nehmen – ratsam ist, nur zu gucken. Nicht anzufassen.

Nur als Idee: Wer am Ende errät, warum die städtische Baumschule überhaupt so heißt, verdient sich eine Kugel Eis in der Gelateria Dibello in der nahen Hans-Mielich-Straße. Auflösung: Früher gab es hier nebenan die Bischweilerstraße, benannt nach einer kleinen Stadt im Elsass. Gewusst? Na gut, zwei Kugeln Eis.

TIPP: Unter der Bahnlinie hindurch über die Teutoburger Straße Richtung Hans-Mielich-Platz. Dort gibt es einen sehr netten Spielplatz gleich neben dem Giesinger Garten, einer kinderfreundlichen Gaststätte mit guter bodenständiger Küche und schöner Terrasse.

Adresse Sachsenstraße 2, 81543 München, Tel. 089/23360423 // **ÖPNV** U 1, U 2, U 7, Haltestelle Kolumbusplatz, Bus 58, 68, Haltestelle Claude-Lorrain-Straße // **Öffnungszeiten** April – Sept. Mo – Fr 7 – 21 Uhr, Sa, So, Feiertage 9 – 21 Uhr, Okt. – März Mo – Fr 7 – 18 Uhr, Sa, So, Feiertage 9 – 18 Uhr; Eintritt frei // ab 0 Jahre

7_DIE BAVARIA

Hinauf ins Haupt: Aufstieg zur Aussicht

Oben im Kopf droht Ungemach. War der Aufstieg über die Wendeltreppe bis hierher schon recht speziell, wird es auf den finalen Metern richtig eng. Nur einzeln geht es hinauf, hinter der Nase und den Augen vorbei bis hoch zur Aussicht in die Stirn. Man muss sich gehörig bücken, sonst gibt's was aufs Haupt. Reicht ja auch, dass die Bavaria ein Loch im Kopf hat.

Die gut 18 Meter hohe Bronzestatue am Westrand der Theresienwiese gehört schon längst zum alten Eisen. Felsenfest steht sie seit 1850 da. Als 87 Tonnen schweres Bröckerl kann sie nichts mehr erschüttern, was schon allein aufgrund ihres Standorts wenig wundert. Wer wie sie jedes Jahr nicht umhinkommt, sich 16 Tage lang den bizarren Trubel am Oktoberfest anzuschauen, der ist abgehärtet.

Bei der Bavaria lohnt sich nicht nur der Ausblick aus ihrem Kopf, sondern auch eine Betrachtung der Statue von außen. Anders als in den ersten, an der Antike orientierten Entwürfen von Leo von Klenze erscheint die Bavaria Ludwig Schwanthaler kriegerischer, germanischer. Mit Bärenfell, Schwert, Eichenlaub. Mitte des 19. Jahrhunderts ging das schon los, dass man den laut Schwanthaler »teutschen Charakter« präsentieren wollte – was die Nazis später nicht an Überlegungen hinderte, die Statue für den Bau einer Heldengedenkstätte abzureißen.

So weit kam es aber nicht. Wäre auch so gewesen wie die Bavaria innen drin. Ziemlich hohl.

Adresse Theresienhöhe 16, 80339 München, Tel. 089/290671 // **ÖPNV** U 4, U 5, Haltestelle Theresienwiese, Bus 134, Haltestelle Theresienhöhe // **Öffnungszeiten** 1. April – 15. Okt. 9 – 18 Uhr; Eintritt: Erwachsene 3,50 Euro, Kinder 2,50 Euro // ab 4 Jahre

TIPP: Einen schönen Ausblick auf das Oktoberfest bietet auch die 50 Meter hohe und nur während der Zeit des weltgrößten Volksfests geöffnete Aussichtsplattform der St.-Pauls-Kirche im Norden der Theresienwiese.

8_DIE BAVARIA-FILMSTADT

Eine Tour zu Jim Knopf und Lukas, Fuchur und Wickie

Für Emma hat sich's ausgedampft. Hat sie sich auch verdient, nach den aufregenden Reisen mit Lokomotivführer Lukas und dem kleinen Jim. Hier ist nun Endstation. Nicht in Lummerland, einer Insel mit zwei Bergen in dem tiefen, weiten Meer. Sondern in der Bavaria-Filmstadt in Geiselgasteig.

Der Raum mit Emma und weiteren Requisiten aus der Verfilmung des Michael-Ende-Klassikers ist nur eine von vielen Stationen auf dem 90-minütigen Rundgang. Ob das Klassenzimmer aus »Fack ju Göhte 3«, ältere Figuren wie Drache Fuchur aus »Die Unendliche Geschichte« oder das Wikinger-Boot aus »Wickie und die starken Männer« – und natürlich jenes Boot, mit dem 1981 hier die Rundtouren durch die Filmstadt anfingen, nämlich »Das Boot« höchstpersönlich.

Noch heute pilgert jährlich eine Viertelmillion Besucher in die Filmstadt im Münchner Süden, wo auch einige der Produktionsstudios Einblicke in die Aufnahmen von TV-Sendungen geben. Dort wird etwa »1,2 oder 3« gedreht, das die Eltern seit der Zeit kennen, als Michael Schanze noch erklärte, dass plopp stopp heißt.

In Studio 11 übrigens stehen jeden Abend die Meteorologen der ARD live vor der Kamera, vor der 20-Uhr-»Tagesschau« oder am Ende der »Tagesthemen«, und prognostizieren das Wetter. Und die weiteren Aussichten für Lummerland: über den zwei Bergen Schauer möglich. Regenschirme gibt es im Laden von Frau Waas. Zwischen Alleskleber und Leberkas.

TIPP: Zu Fuß oder mit dem Rad weiter durch den Grünwalder Forst Richtung Süden. Neben dem Forsthaus Wörnbrunn gibt es ein Wildgehege mit Rehen.

Adresse Bavariafilmplatz 7, 82031 Geiselgasteig, www.filmstadt.de, Tel. 089/64992000 // **ÖPNV** Tram 25, Haltestelle Bavariafilmplatz // **Öffnungszeiten** circa Ende März–Anfang Nov. täglich 9–18 Uhr, sonst 10–17 Uhr; Eintritt: Filmstadt-Führung allein (Dauer circa 90 Minuten): Erwachsene 13,50 Euro, Kinder (6–17 Jahre) 11,50 Euro; für die vierstündige Komplettführung inklusive 4-D-Kino und Bully Herbigs »Bullyversum« 27,50 Euro beziehungsweise 22 Euro // ab 6 Jahre

9_DIE BEERENCAFÉS

Dreimal naturnahes Spielparadies am Stadtrand

Eine winzige Holzhütte, davor 20 Plätze. So fing es an, draußen in Lochhausen, als die Familie Hofreiter nicht nur Beeren verkaufte, sondern auch frischen Obstkuchen und selbst gemachtes Eis. Heute ist das »Beerencafé« längst ein Begriff als nahe gelegenes Ausflugsziel, ein guter Ort, wenn man mit den Kindern etwas rausmöchte aus der Stadt, aber auch nicht gar so weit.

Drei Standorte gibt es inzwischen mit schönen Spielmöglichkeiten, Bobbycar-Bahn und Wasserspielplatz, Prinzessinnenbett, Strohlabyrinth und Streichelzoo. Kleine Erlebnisparks am Stadtrand.

Üppig ist nicht nur das Angebot an Spielmöglichkeiten, sondern auch die Auswahl am Kiosk. Eine große Karte mit regionalen Gerichten, von Frühstück und Salaten über Ofenkartoffeln bis zu Schnitzel, Pommes, Pizza. Mit den Jahren wurde es bald schwer, an schönen Wochenendtagen noch freie Plätze an den Tischen zu finden, es war der Bär los und weniger die Beere, die schon fast etwas ins Abseits geriet und nur noch als Namensgeberin des Cafés schien.

Seit Mai 2018 kostet der Eintritt an Sonntagen drei Euro, was die Hofreiters mit den intensiven Kosten für Pflege, Instandhaltung und Erneuerung der Spielanlagen erklärten. Wer sich am Preis nicht stört oder es mit seinen Kindern auch an den kostenlosen Werktagen schafft, für den lohnt sich ein Besuch allemal, für einen bärig-beerigen Nachmittag am Rand der Stadt.

Adresse Purpurweidenweg (Lochhausen), 81249 München, Feldmochinger Straße 436 (Feldmoching), 80995 München, Savitsstraße (Johanneskirchen), 81929 München // ÖPNV S 3, Haltestelle Lochhausen, S 1, U 2, Haltestelle Feldmoching, S 8, Haltestelle Johanneskirchen // Öffnungszeiten circa Ende April – Mitte Sept. werktags 10 – 19.30 Uhr, Sa, So 10 – 20 Uhr; Eintritt: So 3 Euro, Sa 1,50 Euro, werktags frei (Stand 2018); über die Regelung 2019 stand die Entscheidung noch aus // ab 0 Jahre

TIPP: An den Standorten Lochhausen und Johanneskirchen steht auch noch ein Maislabyrinth, in dem es spannende Rätsel zu lösen gilt.

10_ DAS BRAUSESCHWEIN

Wundertüte im Hexenhäusl: Neuhausens schönster Kaufladen

Allein die Einrichtung. Die Theke, eine alte Karussellkutsche, verziert mit Nixen. Oder der ganze hintere Verkaufsbereich im Stile eines alten Kolonialwarengeschäfts. Ein außergewöhnlicher Kaufladen, das Geschäft von Caroline Pfitzner. Das »Brauseschwein« in der Frundsbergstraße.

Früher führte die gelernte Schneiderin einen Papierladen in der Kaiserstraße. Nach dem dritten Kind aber reifte in ihr der Gedanke eines eigenen Spielzeuggeschäfts, aus wachsender Ernüchterung über die Langeweile und Phantasielosigkeit, die standardisierte Konformität der meisten anderen Kinderläden.

2001 eröffnete sie in diesem Flachbau ihre, wie Caroline Pfitzner sagt, »Wundertüte im Hexenhäusl«. Und der Name? Brause, weil es die für die Kinder immer gab, und Schwein, weil, na ja, warum nicht. Das »Brauseschwein«, ein entschleunigter Gegenentwurf zu großen Kaufhäusern, ein Ort zum Stöbern und zum Staunen.

Hier darf, hier muss man sich Zeit nehmen für das ganze herrlich ausgefallene Spielzeugsortiment, das sich vor allem an ältere Kinder richtet, so ab acht aufwärts, ein Alter, in dem gern Langeweile einsetzt und man als Geburtstagsgeschenk vielleicht noch einen Gutschein fürs Onlineshopping bekommt. Hier gibt es Abwechslung. Blechspielzeug und Scherzartikel, Zaubertricks und Knobeleien, Wissensspiele. Schön skurriler Krimskrams im Kaufladen im Hexenhäusl.

Adresse Frundsbergstraße 52, 80637 München, www.brauseschwein.de, Tel. 089/13958112 // ÖPNV U1, Haltestelle Rotkreuzplatz, Tram 12, Bus 144, Haltestelle Neuhausen // Öffnungszeiten Mo–Fr 10–13 und 15–18.30 Uhr, Sa 11–14 Uhr // ab 8 Jahre

TIPP: Auf einem anderen ebenerdigen Flachbau in der Nähe liegt eine der schönsten und zugleich niedrigsten Münchner Dachterrassen: beim »Café Ruffini« in der Orffstraße 24.

11_AM BRUNNBACH

Familienspaziergang auf literarischen Spuren

Eine beliebte Route für einen Familienspaziergang entlang der Isar führt von der Tivolibrücke unter dem Isarring zum Stauwehr Oberföhring. Auf der Heinrich-Mann-Allee, auf der es an Wochenenden manchmal eng werden kann. Eine charmante Alternative nur 200 Meter weiter östlich ist der Grünstreifen entlang des Brunnbachs. Ein unscheinbares Rinnsal, das jedoch sogar der Bruder des eben erwähnten Straßennamenpatrons literarisch verewigte, Thomas Mann.

Der Brunnbach entspringt etwa in Höhe des Herkomerplatzes aus dem Hang des Isarhochufers. Wegen seiner Reinheit wurde das angrenzende Brunnthal sogar zu einem begehrten Heilbad, das erst 1914 dichtmachte.

Ebenfalls im Jahr 1914 bezog die Familie Mann ihre Villa an der Poschinger Straße, und als Thomas Mann 1919 seinen humorvollen Erzählband »Herr und Hund« schrieb, fanden sich darin detaillierte Beschreibungen seiner Spaziergänge am Brunnbach.

Ein großes Hickhack gab es in den vergangenen Jahren um den geplanten Neubau eines Spielplatzes, den es hier nicht braucht, schließlich ist dieser Grünzug im Herzogpark für Kinder ein riesiger Naturspielplatz mit verschlungenen Bachläufen und kleinen Holzbrücken, urig und wild. Am Ende des Wegs stand mit einem Garten direkt am Brunnbach das »Wirtshaus im Grüntal« – bevor es 2010 für den Neubau von Luxuswohnungen abgerissen wurde. Würde Thomas Mann heute etwas über Münchens Immobilienwahnsinn schreiben, diese Erzählung fiele dann nicht mehr so lustig aus.

Adresse von der Herzogparkstraße im Süden bis zur Mauerkircherstraße im Norden, 81679 München // ÖPNV Tram 16, 17, Bus 54, 58, 68, 154, 187, 188, 189, Haltestelle Herkomerplatz, von dort an der Hangkante den kleinen Fußweg bergab // ab 2 Jahre

TIPP: Auf der Suche nach der Bachmündung in die Isar? Der Brunnbach fließt am Ende des Grüntals durch ein Rohr unter dem Isarkanal in einen Teich nördlich des Stauwehrs. Noch jenseits der St.-Emmeram-Brücke, dem hölzernen Fachwerkbau, sprudelt das Wasser aus einem als Steinmaul gestalteten Brunnen und mündet dann in die Isar.

12_DAS CAFÉ GLÜCKSKIND

Mit Spielecke und Flammkuchen

Unter all den illustren Haidhauser Orten gehört die Seeriederstraße nicht wirklich zu den klangvollen Namen. Wiener Platz, Preysingstraße, die Johanniskirche, das sind die markant pittoresken Ecken des Stadtteils. Aber die Seerieder? Eher zweite Reihe, Marke Mauerblümchen. Graue Maus.

Und doch gibt es hier einen Ort, den man mit Kind immer wieder gern ansteuert, das »Café Glückskind«, als Familienlokal längst eine Institution im Münchner Osten. Nach einigen Pächterwechseln leitet inzwischen Lisa Huang das Lokal, die aus China zum Studium nach Europa kam, lange in der Reisebranche arbeitete, sich als zweifache Mutter mit ihrem Mann in München niederließ – und dann beruflich komplett neu anfing, als Wirtin vom »Glückskind«.

Das Konzept freilich blieb das alte. Ein stark auf Kinder ausgerichtetes Tagescafé mit einer großen eingezäunten Spielecke rechts hinten. Umherfetzen dürfen die Kleinen im ganzen Lokal, weshalb es dem mitunter kreuz und quer auf dem Boden verteilten Spielzeug geschickt auszuweichen gilt, wenn man sich von seinem Platz zwecks Kuchenauswahl auf den Weg zur Theke macht.

Kulinarisches Markenzeichen sind längst die Flammkuchen in drei Varianten, außerdem kamen unter Frau Huang auch asiatische Gerichte auf die Karte, Dim-Sum oder Wan-Tan. 70 Plätze drinnen, 40 draußen vor dem Lokal, jede Menge Platz zum Spielen, zum Essen, zum Trinken: ein Glücksgriff, das »Glückskind«.

TIPP: Ein Besuch des Haidhausen-Museums zwei Gehminuten entfernt in der Kirchenstraße. Ein interessanter Einblick in die viele Jahrhunderte zurückreichende Geschichte des Viertels.

Adresse Seeriederstraße 9, 81675 München, www.cafe-glueckskind.de, Tel. 089/41171667 // **ÖPNV** U 4, U 5, Tram 15, 19, 25, Haltestelle Max-Weber-Platz // **Öffnungszeiten** Mo – So 9 – 19 Uhr // ab 0 Jahre

13_DAS DEUTSCHE MUSEUM

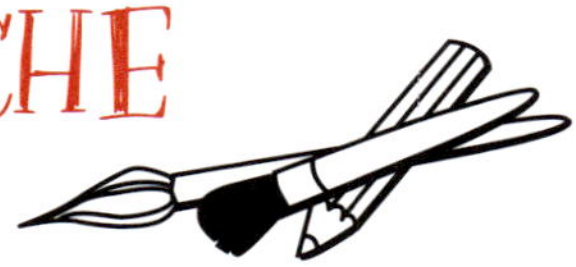

Die Dioramen: zwischen Illusion und Wirklichkeit

Der Spiegelsaal der Amalienburg oder der Ballon-Aufstieg der Montgolfière. Ein Meeresforschungslabor oder eine Holzschiffswerft. Unikate und Kunstwerke, die Dioramen im Deutschen Museum.

Mehr als eine Million Besucher strömt jährlich in das weltgrößte naturwissenschaftliche Museum, zum Pflichtprogramm gehören Kinderreich, Schifffahrt und Starkstrom, Bergwerk und Planetarium. Von tief unten in der Erde bis hinaus ins All. Trotz temporärer Schließungen einiger Abteilungen im Zuge des großen Museums-Umbaus: Immer zu sehen sind Dutzende der großartigen Dioramen, jener dreidimensionalen, in den hauseigenen Werkstätten in filigraner Feinarbeit geschaffenen Schaukästen mit ihren überwältigenden Impressionen zwischen Illusion und Wirklichkeit.

Seit 1909 entstanden auf der Museumsinsel 140 Dioramen, in denen man mit der Zeit immer wieder neue, bis dahin nicht gekannte Details entdecken kann. Vieles könnte man dank neuer Technologien heute auch mit 3-D-Druckern produzieren. Hätte aber nicht mehr viel mit der Realität zu tun, meint Modellbau-Werkstattchef Franz Huber. Deswegen fertigen er und seine Mitarbeiter weiterhin jede noch so winzige Kleinigkeit von Hand an, und seien es originalgetreue Pflastersteine eines italienischen Dorfes aus dem 16. Jahrhundert.

Es fällt immer wieder schwer, sich von den Miniaturwelten in den Schaukästen zu lösen. Und je länger man hineinblickt, desto mehr wird die Illusion zur Wirklichkeit.

TIPP: Ob bei gutem oder schlechtem Wetter: Die Kinderbibliothek im Gasteig lädt zum stundenlangen Verweilen und Schmökern ein.

Adresse Museumsinsel 1, 80538 München, www.deutsches-museum.de, Tel. 089/2179333 // **ÖPNV** S 1 bis S 8, Haltestelle Isartor, Bus 132, Haltestelle Boschbrücke, Tram 17, Haltestelle Deutsches Museum // **Öffnungszeiten** täglich 9–17 Uhr; Eintritt: Erwachsene 12 Euro, Kinder (6–17 Jahre) 4 Euro, Familienkarte (2 Erwachsene plus alle eigenen Kinder bis 17 Jahre) 25 Euro // ab 3 Jahre

14_DER DRACHE AM WURMECK

Die Sage mit dem Lindwurm und der Pest

Geschickt scheint er emporzukraxeln, mit den Krallen fest in der Mauer. Oder hebt er mit den Flügeln gar ab? Oder speit er Feuer? Jedenfalls wirkt er bedrohlich, der Drache am Wurmeck des Marienplatzes.

Die kupferne Figur an der Südwestseite des Neuen Rathauses, schräg unterhalb des Büros des Oberbürgermeisters, basiert auf einer alten Legende. Demnach tat sich einst die Erde auf, und ein riesengroßer Lindwurm kroch aus der Tiefe hervor. Seine Flugroute führte ihn auch, flapp-flapp, über München, wo er nicht nur Schrecken verbreitete, sondern dazu auch noch die Pest. Pfui. Schließlich landete er am Marienplatz, wo ihn gar tapfre Männer mit einer Kanone ins Wurmeck in die Enge trieben und ihm mit einem gezielten Schuss den Garaus machten.

Dennoch trauten sich die Menschen lange nicht aus ihren Häusern, erst als die Schäffler, die Fassmacher also, mit ihrem Tanz durch die Straßen der Altstadt ein aufmunterndes Signal setzten, kehrte, hurra, wieder Normalität ein.

Vieles aber bleibt nebulös. Ob die Schäffler wirklich schon zu angeblichen Pestzeiten um 1520 tanzten, ist genauso umstritten wie die Frage, ob es in München überhaupt eine Pestepidemie gab. Und der Name »Wurmeck« ist bereits 1431, lange vor dem etwaigen Ausbruch einer Pest, urkundlich vermerkt. Mutmaßlich weil die damaligen Eigentümer des Gebäudes so ein ähnliches Fabelwesen im Familienwappen führten.

Alles Humbug also, die Geschichte vom Lindwurm. Spannend ist sie trotzdem.

Adresse Marienplatz 8, 80331 München // **ÖPNV** S 1 bis S 8, U 3, U 6, Haltestelle Marienplatz // ab 3 Jahre

TIPP: Das Neue Rathaus bietet als Alternative zum Alten Peter ebenfalls eine schöne Rundum-Aussicht vom Turm. Und hier gibt es sogar einen Aufzug. Geöffnet Mai–Sept. täglich ab 10 Uhr, werktags bis 20 Uhr, Sa bis 16.30 Uhr, So bis 14.30 Uhr. Okt.–April nur Mo–Fr 10–17 Uhr. Erwachsene zahlen 3 Euro, Kinder (6–18 Jahre) 1,50 Euro, Kinder unter 6 nix.

15_ DAS DREI-SEEN-LAND

Im beschaulichen Nordteil des Englischen Gartens

Immer viel los im Südteil des Englischen Gartens. Die Wiesen rund um den Monopteros – klassische Hotspots für Einheimische wie auch Urlauber, die gern nach dem Weg zum Lake Kleinhesselohe fragen oder zum Chinese Tower. Weiter nördlich wird es ruhiger. Eine der idyllischsten Gegenden für einen Familienausflug ist hoch droben das zauberhafte Drei-Seen-Land. Rund um Schwammerlweiher, Entenfallweiher und Libellenteich.

Drei Tümpel, bei denen sich Herkunft der Namen weitestgehend leicht erschließt. Beim Libellenteich wegen der Insekten, beim Entenfallweiher wegen der einfallenden Wasservögel. Beim dritten See aber trügt die Vermutung eines Bezugs zu hier wachsenden Schwammerln – die Bezeichnung kommt von dem am Nordufer aufgestellten Wetterpilz, einem dieser bei plötzlichen Wolkenbrüchen gern genutzten Unterstände.

Gerade hier bietet es sich an, den Kindern zu erzählen, dass der Englische Garten die Keimzelle des Wetterschwammerls war. Eine von 1795 datierende Bleistiftzeichnung des Münchner Malers Hermann Ziebland aus dem Englischen Garten gilt bis heute als älteste Darstellung eines Wetterpilzes – bevor sie später wie Schwammerln aus dem Boden schossen, ob in Kalifornien oder Nordkorea. Im Englischen Garten findet man Artgenossen in der Hirschau, am Entenfall- und eben auch am Schwammerlweiher, der bei Touristen kaum bekannt ist. Deswegen wird man auch nie gefragt nach dem Lake Mushroom.

TIPP: Ein Spaziergang an den Weihern vorbei zum Stauwehr Oberföhring und über die andere Isarseite und den hölzernen Steg zurück. Mit einer abschließenden Einkehr im Biergarten Aumeister.

Adresse im Nordteil des Englischen Gartens, südöstlich vom Aumeister // ÖPNV U 6, Haltestelle Studentenstadt, von dort nach Osten in den Englischen Garten, Fußweg circa 15 Minuten // ab 0 Jahre

16_DIE FALSCHE UHR AM ISARTOR

Ach du liebe Zeit: Hier tickt München anders

Geprägt hatte den Spruch Willy Brandt in den 1970er Jahren. »In Bayern gehen die Uhren anders«, sagte der damalige Bundeskanzler bezüglich der politischen Zustände im Freistaat. Es ging ihm ziemlich auf den Zeiger, dass seine SPD trotz der Wahlerfolge im Bund in Bayern nur als gefühlte Splitterpartei der übermächtigen CSU hinterherdümpelte.

Schreitet man nun seit einigen Jahren vom Marienplatz durchs Tal in Richtung Isartor, besteht zumindest bei ahnungslosen Mitbürgern und aufmerksamen Kindern erhöhtes Irritationsrisiko. Denn auch hier, auf der Westseite des Turmtors, tickt München ein wenig anders, zeigt die Uhr doch auf den ersten Blick eine falsche Zeit an. Was, schon Viertel vor drei? Ist es doch erst Viertel nach neun! Erst beim Innehalten einiger Minuten und genauerer Betrachtung wird es etwas plausibler. Das Chronometer läuft gegen den Uhrzeigersinn, dazu sind konsequenterweise auch die römischen Ziffern andersherum angeordnet. Die 1 auf der 11. Die 2 auf der 10. Und so weiter.

2005 wurde die Uhr installiert, nach einer Idee der Münchner Künstlerin Petra Perle, damals Wirtin vom »Turmstüberl« im Valentin-Karlstadt-Musäum. Die jeweils 50 Kilo schweren Zifferblätter haben einen Durchmesser von 2,80 Metern, die Zeiger sind aus Kupfer und mit Blattgold überzogen, Gesamtgewicht 16,5 Kilo. Dank synchronisierter Funksteuerung weicht die Uhr pro Tag nur ein bis zwei Milliardstelsekunden von der wahren Echtzeit ab. Das heißt, sie geht also ziemlich pünktlich falsch.

Adresse Tal 43, 80331 München // **ÖPNV** S 1 bis S 8, Haltestelle Isartor, Bus 132, Haltestelle Tal // ab 4 Jahre

TIPP: Ein Besuch des Valentin-Karlstadt-Musäums. Ein herrlich verqueres Panoptikum mit skurrilsten Exponaten, vom legendären Winterzahnstocher über die geschmolzene Schneeplastik bis hin zu zahlreichen Film- und Tondokumenten.

17_DIE FC-BAYERN-ERLEBNISWELT

Titel, Triumphe und eine Tonne: Das Klub-Museum

Seit 2005 ist die Allianz-Arena Heimspielstätte des FC Bayern, ein schmuckes, schönes Stadion, das allerdings einen großen Nachteil hat: Wer nicht Mitglied des Vereins oder eines Fanclubs ist, hat regulär kaum Chancen auf ein Ticket.

Einen für jeden sehr empfehlenswerten Zugang zum Stadion gibt es jedoch mit der Erlebniswelt, dem Vereinsmuseum des FC Bayern, natürlich standesgemäß dem größten seiner Art in Deutschland. Drunter machen es die Bayern nicht.

Auf 3.000 Quadratmetern geht es bis zurück zur Vereinsgründung 1900, samt zeithistorischer Einordnungen in die Epochen von Politik und Gesellschaft, allen voran nach der ersten Deutschen Meisterschaft 1932: die Verfolgung des jüdischen Clubpräsidenten Kurt Landauer durch die Nazis, seine Emigration in die Schweiz, die Rückkehr nach dem Krieg.

Neben Original-Exponaten wie einem Beckenbauer-Trikot von 1965 oder der eingetretenen Klinsmann-Tonne von 1997 bietet die Erlebniswelt gerade Kindern reichlich Aktionen zum Mitmachen, darunter ein Quiz mit 13 Stationen. Nett ist auch das kleine Eck mit der Pokalschmiede. Wir basteln uns einen Champions-League-Pott. Ein Klassiker ist der Kindergeburtstag mit einer anderthalbstündigen Erlebnisrallye. Und das Kombiticket bietet neben der Erlebniswelt noch eine Führung durch die Arena. So kommt man doch noch ins Stadion.

Adresse Werner-Heisenberg-Allee 25, 80939 München, https://fcbayern.com/erlebniswelt/de, Tel. 089/69931222 // **ÖPNV** U 6, Haltestelle Fröttmaning // **Öffnungszeiten** Mo–So 10–18 Uhr; Achtung: an Spieltagen ist der Eintritt nur mit einem Ticket fürs Stadion möglich; Preise: Erwachsene 12 Euro, Kinder (6–13 Jahre) 6 Euro, bis 5 Jahre frei // ab 3 Jahre

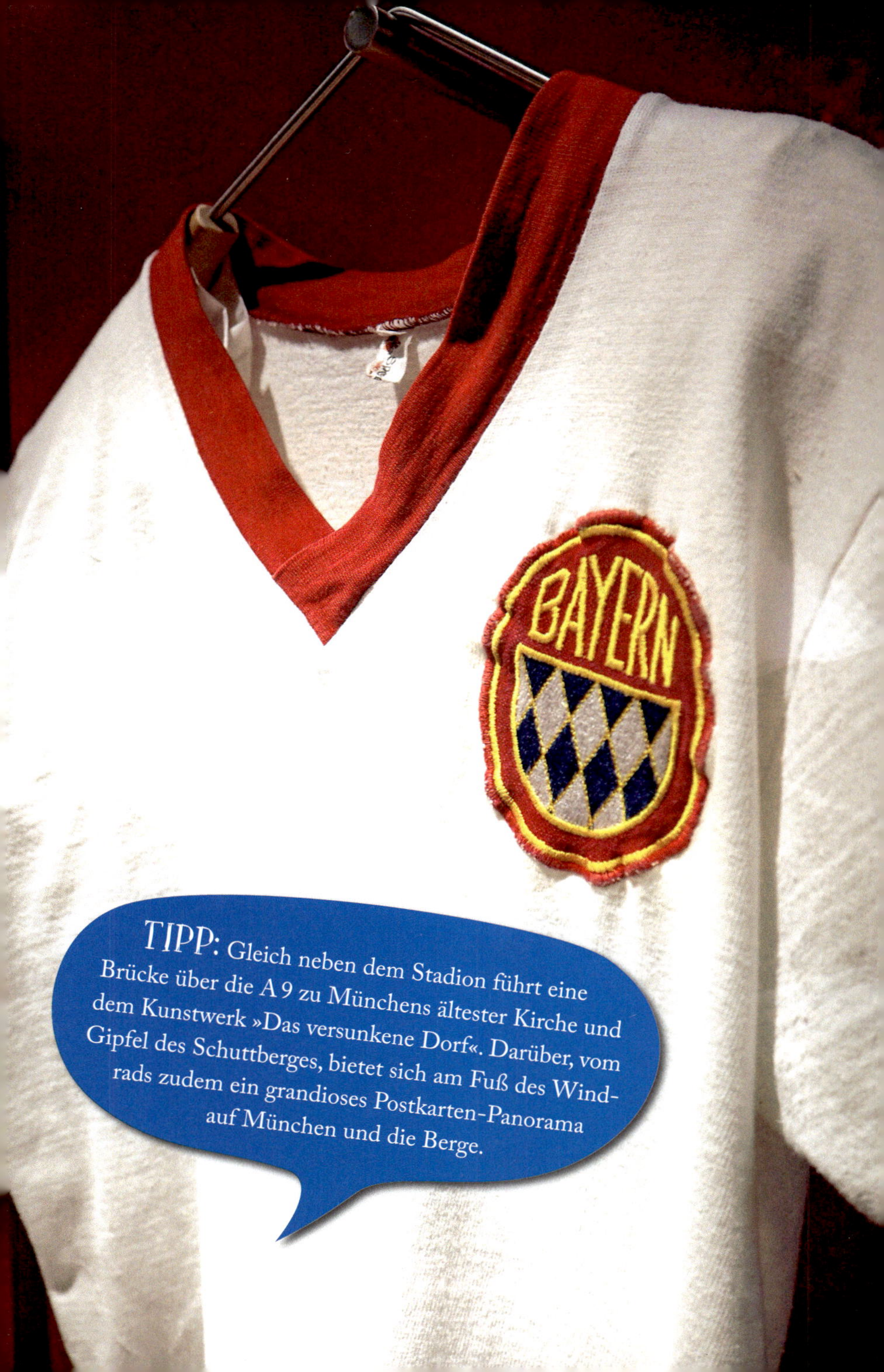

TIPP: Gleich neben dem Stadion führt eine Brücke über die A 9 zu Münchens ältester Kirche und dem Kunstwerk »Das versunkene Dorf«. Darüber, vom Gipfel des Schuttberges, bietet sich am Fuß des Windrads zudem ein grandioses Postkarten-Panorama auf München und die Berge.

18_DIE FISCHTREPPE

Gegen den Strom schwimmen: Hier geht's aufwärts

In den »Münchner Geschichten«, jener unvergessenen Serie des großen Helmut Dietl, gibt es eine legendäre Szene. In der Folge »Der lange Weg nach Sacramento« sitzen der Tscharlie, der Gustl und der Achmed nach einer langen Faschingsnacht als Zorro, Gringo und Zapata in der Morgendämmerung mit Blick aufs Maximilianeum in Klappstühlen und sinnieren über das Leben als solches.

Die Klappstühle standen an der Nordspitze der Praterinsel, dort, wo es sich heute Besucher an sonnigen Sommerabenden samt Kindern und Brotzeit auf Picknickdecken bequem machen. Auch wenn vom Baden aufgrund der tückischen Sogwirkung der Kaskaden dringend abgeraten werden muss – ein attraktiver Ort ist es allemal, nicht zuletzt wegen der Fischtreppe, an der man sehen kann, was Fische gern tun, nämlich gegen den Strom schwimmen.

2009 baute man eine neue Fischtreppe, eine Aufstiegshilfe für die hier beheimateten Barben und Nasen, Huchen und Äschen, die es auf der Suche nach Laichplätzen flussaufwärts zieht.

Wie bei den meisten anderen Treppen dieser Art sorgen auch hier die quer gebauten Betonstreben für eine Verringerung der Fließgeschwindigkeit. Macht es den Fischen leichter, hochzukommen. Fischtreppen gibt es inzwischen auch an anderen Stellen der Isar, etwa am Stauwehr Oberföhring. Ehrgeiziges Ziel eines Fischtreppen-Masterplans ist es, die Isar für die Flussbewohner bis 2021 auf 200 Kilometern barrierefrei zu machen. Dann kämen sie zumindest bis zum Sylvensteinspeicher. Wenn auch nicht bis Sacramento.

TIPP: Am Südende der Praterinsel bieten Kabelsteg und Wehrsteg gerade bei Hochwasser eindrucksvolle Ausblicke auf die zehn Wehröffnungen, durch die das Isarwasser von der Großen in die Kleine Isar rauscht.

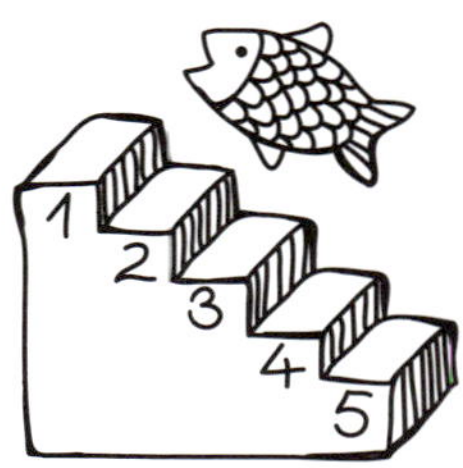

Adresse Praterinsel, 80538 München // ÖPNV U 4, U 5, Haltestelle Lehel, Tram 16, 19, Haltestelle Maxmonument // ab 3 Jahre

19_AM FLAUCHER

Beschauliches Isar-Paradies – aber nur werktags

Sigi Sommer, einst Münchens literarischer Stadtbummler, nannte den Flaucher einmal die »Isar-Riviera«: weil es hier an sonnigen Wochenenden so zugeht wie an den ligurischen Mittelmeerstränden im August. Wenn nicht sogar noch turbulenter.

Namensgeber des langen Holzstegs, der Kiesbänke und der Grünanlagen bis weiter zur Braunauer Eisenbahnbrücke war Johann Flaucher, ab 1870 Wirt der nach wie vor gern angesteuerten Ausflugsgaststätte in den westlichen Isarauen. Heute ist das Areal für viele Münchner der schönste Flussabschnitt innerhalb der Stadt, in jedem Fall ist er gerade an Wochenenden das vollste.
Dicke, bis weit über die beiden Brücken hinausreichende Rauchschwaden bruzzelnden Grillguts, musikalisch untermalt vom dumpfen Gedröhne voluminöser Gettoblaster, mündend in per se herrliche Sommernächte, in denen dank Partyvolk die Riviera mehr zu einem Isar-Ballermann verkommt. Daher eignet sich für einen Besuch mit Kindern vor allem ein schöner, ruhiger Werktag, um sich samt Picknickdecke auf einer Kiesbank niederzulassen. Während auf der westlichen Seite neben dem FKK-Reservat das Wasser über die Wehre tost, ist die östliche Seite weitaus einladender. Wo die Isar wieder einem lieblichen Gebirgsbach ähnelnd auf Umwegen und in vielen Seitenärmchen über Holz und Stein murmelt, lässt es sich endlos lang Wasser schöpfen, Schleusen bauen, im Kiesbett graben. An solchen Tagen wird der Flaucher mit den Kindern fast zu einem meditativen Ort. Ruhiger als an jeder Riviera.

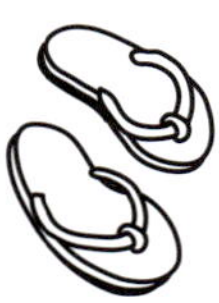

Adresse Isarauen, 81379 München // ÖPNV U3, Haltestelle Thalkirchen (Tierpark), Bus 52, Haltestelle Tierpark (Alemannenstraße) // ab 0 Jahre

TIPP: Wer in der Nähe nicht nur planschen, sondern in der Isar richtig schwimmen möchte, kann das jenseits der Thalkirchner Brücke im Freibad Maria Einsiedl – einem Naturfreibad, in dem man sich auf 400 Metern Länge im Isarkanal treiben lassen kann.

20_DIE FLUGWERFT SCHLEISSHEIM

Schnitzeljagd durch die Geschichte der Luftfahrt

Und sag, der Wolfmüller-Gleitflugapparat, aus welchem Jahr er wohl stammen mag? Oder der ramponierte Propeller über dem Durchgang, weißt du, warum er beschädigt wurde? Und schließlich der Hubschrauber, die Sikorsky S-58, bis 1975 bei der Seerettung im Einsatz: Wie gelang es ihm, Menschen aus dem Meer zu bergen? Diese und viel mehr Fragen stehen auf dem vierseitigen Forscherbogen für eine Reise durch die Geschichte der Luftfahrt, eine Schnitzeljagd durch die Flugwerft Schleißheim.

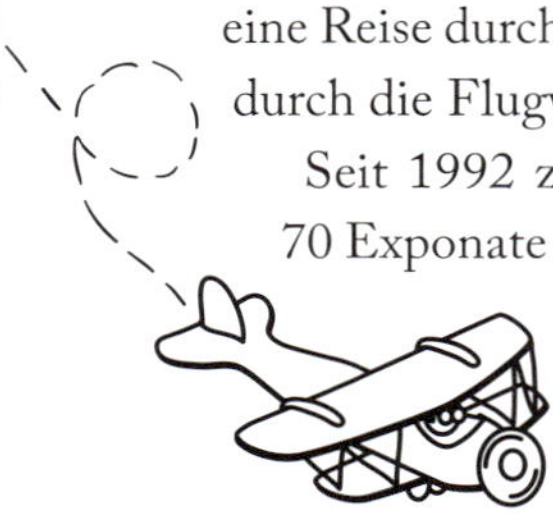

Seit 1992 zeigt die Außenstelle des Deutschen Museums 70 Exponate vom Normalsegelapparat von Otto Lilienthal bis hin zur Weltraumrakete, dazwischen Hängegleiter, Senkrechtstarter, alles Mögliche, was irgendwann mal in die Luft ging, ziemlich abgehoben also das alles.

Für Kinder ist es ein beflügelnder Ort. Hier können sie sich am Flugsimulator als Pilot versuchen oder in echte Cockpits steigen. Ein ganz liebenswertes Detail ist der Fliegende Zirkus, der nichts mit Monty Python zu tun hat, sondern eine Vorführung von kleinen Flugzeugen ist, die mit Balu oder Biene Maja als Passagieren im Kreis fliegen. Wer möchte, kann auf Nachfrage die Mini-Flieger gern auch mal selbst rotieren lassen. Wie das funktioniert? Ob mit Gummimotor? Oder mit Elektromotor samt Akku oder mit Stromzufuhr über Kabel? Wird nicht verraten. Ist die 21. und letzte Frage auf dem Forscherbogen.

TIPP: Ist man schon mal in Schleißheim, unbedingt auch noch im Schloss vorbeischauen. Eines der schönsten deutschen Barockbauwerke mit reichlich Spaziermöglichkeiten in den Gartenanlagen.

Adresse Effnerstraße 18, 85764 Schleißheim, www.deutsches-museum.de/flugwerft, Tel. 089/2179333 und 089/31571410 // **ÖPNV** S 1, Haltestelle Oberschleißheim, dann zehn Minuten Fußweg oder weiter mit Bus 292, Haltestelle Mittenheimer Straße // **Öffnungszeiten** täglich 9–17 Uhr; Eintritt: Erwachsene 7 Euro, Kinder (6–17 Jahre) 3 Euro, Kinder bis 5 Jahre frei; Kombiticket: Deutsches Museum, Verkehrszentrum, Flugwerft, für je einmaligen Eintritt zeitlich unbegrenzt 19 Euro // ab 3 Jahre

21_ DAS FORSTHAUS KASTEN

Biergarten im historischen Waldstück

Helmut Kohl ließ sich als Einheitskanzler feiern, Andy Brehme als Siegtorschütze im WM-Finale, und Phil Collins sang sich mit »Another Day in Paradise« an die Spitze der Charts. Es war 1990, als das Ehepaar Barsy die Gaststätte und den Biergarten in Forst Kasten übernahm, in diesem Waldgebiet, dessen Geschichte Jahrtausende zurückreicht.

Davon zeugen die Hügelgräber von etwa 800 vor Christus und der Name des 800 Hektar großen Waldstücks. Belebter wurde es hier aber erst ab 1899, als die ersten Brotzeiten an Wanderer verkauft wurden, heute ist das Forsthaus Kasten längst einer der beliebtesten Ausflugs-Biergärten des Würmtals.

Gerade im Kinderbereich haben die Barsys mächtig aufgerüstet, mit fünf Hüpfburgen, sechs Trampolinfeldern, einer Minigolfanlage, dazu einem kleineren Spielplatz mit Rutschbahn, Wippe, Klettergerüst. Meist ab Juli hat das Labyrinth geöffnet, das halb aus Mais besteht und zur anderen Hälfte aus, aufgemerkt, Hanf. Dahinter sind eine Blumenwiese zu bestaunen und neben den beiden Eseln Samson und Lauser noch die gemächlich grasenden Heidschnucken auf der Wiese. Ein heißer Sommertag im schattigen Biergarten vom Forsthaus Kasten, *another day in paradise*.

Adresse Forsthaus Kasten, zwischen Neuried und Gauting, 82131 Gauting, www.forst-kasten.de, Tel. 089/8500360 // **ÖPNV** S 6, Haltestelle Stockdorf, von dort etwa 45 Minuten zu Fuß über einen schönen Waldweg durchs Grüne // **Öffnungszeiten** Biergarten Mo–Fr ab 11 Uhr, Sa und So ab 10 Uhr; Kinderparadies Wochenende und Ferien ab 11 Uhr, an Schultagen ab 14 Uhr; Eintritt: Trampolin & Hüpfburgen zusammen 5 Euro (mit Stempel zum Wiedereintritt), Minigolf Erwachsene 4,50 Euro, Kinder 3,50 Euro // ab 0 Jahre

TIPP: Ein Abstecher zur Keltenschanze nebenan in Buchendorf. Hier führte die alte Römerstraße von Salzburg nach Augsburg vorbei.

22_IM GARTEN-CENTER IN UNTERMENZING

Mit Klettergarten und Koi-Fütterung

Samstägliche Großeinkäufe haben ein veritables Entnervungs-Potenzial. Für die Kinder, weil es einfach entsetzlich fad ist, und für die Eltern, weil die Kleinen ihren Unmut über ihren gelangweilten Stimmungszustand in immer kürzeren Intervallen kompromisslos kundtun. Drum ist man auf beiden Seiten froh, wenn man die Einkaufstour hinter sich hat.

Es gibt aber auch Orte, an denen kann es unterhaltsam zugehen. Beispielsweise das Garten-Geschäft in Untermenzing, wo es sich mit Kindern gut aushalten lässt, in der Regel länger quengelfrei als üblich.

Das Pflanzen-Center, eröffnet 1963, war damals eine der allerersten Selbstbedienungs-Gärtnereien überhaupt. Inzwischen gedeiht dort – wie auch in einer weiteren Zweigstelle in Unterhaching – gerade für die jüngeren Besucher ein bunter Strauß an Angeboten, allen voran der Klettergarten für Kinder von drei bis zwölf.

Ein blühender Renner ist das große Becken mit den bunten Koi-Karpfen am Eingang, Futter gibt es für einen Euro aus dem Automaten. Zudem zum festen Stamm-Programm geworden sind die Gartenschulen, wo sich Kinder meist weniger für die Erwachsenen-Kurse zum Thema der automatischen Urlaubsbewässerung interessieren, sondern eher für die Gestaltung eines Unterwassergartens, eines Insektenhotels oder eines Wüstenterrariums. Und danach weiß man dann auch, was eine Sukkulente ist. Lehrreich ist das hier also auch noch – und garantiert nicht langweilig.

TIPP: Nach dem Einkauf auf eine Brotzeit in die »Insel-Mühle«. Schattiges Biergarten-Idyll direkt an der vorbeiplätschernden Würm.

Adresse Pflanzen Kölle, Goteboldstraße 9, 81247 München, www.pflanzen-koelle.de, Tel. 089/8912210 // ÖPNV S 2, Haltestelle Untermenzing, dann Bus 164, Haltestelle Goteboldstraße // Öffnungszeiten Mo–Fr 9–20 Uhr, Sa 9–18 Uhr, So (nur Pflanzenverkauf) 10–12 Uhr // ab 3 Jahre

23_DER GEISTER-BAHNHOF

Endstation Abstellgleis: die Ruine am Olympiapark

Heute kaum mehr vorstellbar. Wie Züge ankamen, die Menschen die Treppen hinaufströmten und weiter Richtung Stadion zogen. 16 Jahre lang war die Sonderlinie der S-Bahn zur Endstation Olympiastadion eine gute Alternative zur U-Bahn für die Anreise zu großen Fußballspielen. Heute pfeift der Wind um die Bahnsteige, liegt die Haltestelle brach. Seit mehr als drei Jahrzehnten. Als Geisterbahnhof am Rande des Olympiaparks.

Zur Bewältigung des Andrangs während der Sommerspiele 1972 baute die Stadt an der Strecke der alten Bahnlinie nach Landshut den Haltepunkt Olympiastadion, angefahren von Sonderlinien der S-Bahn ab Ostbahnhof via Nordring und ab Hauptbahnhof über Laim.

Die erste Fahrt gab es bei der Stadion-Eröffnung am 26. Mai 1972 beim Länderspiel gegen die Sowjetunion (4:1). Nach den Sommerspielen fuhren die Sonderzüge auch zu den wichtigen Heimspielen des FC Bayern, wenn das Stadion – damals eine Seltenheit – mal ausverkauft war. Letztmals Halt war der Bahnhof am 25. Juni 1988 – beim EM-Finale zwischen Holland und der UdSSR (2:0). Danach kam der Bahnhof aufs Abstellgleis.

Heute ist er eine Ruine, abgesperrt, nicht mehr zugänglich. Einen guten Blick auf die überwucherten Gleise und Bahnsteige gibt es am Westende des Werner-Seelenbinder-Wegs oder von der Brücke am Kusocinskidamm. Schon lange gibt es Überlegungen für einen Umbau, ein Erholungsgebiet mit Rad- und Fußwegen, realisiert wurde das noch nicht. Bis dahin pfeift der Wind weiter.

Adresse im Westen des Werner-Seelenbinder-Wegs, 80809 München // ÖPNV U 3, Haltestelle Olympiazentrum // ab 6 Jahre

TIPP: Das Denkmal für die Opfer des Olympia-Attentats von 1972 am Kolehmainenweg 11. Ein würdiger Gedenkort, der auch Kindern die Tragödie vom 5. September einfühlsam vermittelt.

24_ DIE GELATERIA CHOCOLATTE

Die Eisdiele mit den bunten Kugeln

An Sommertagen braucht es Geduld, manchmal reicht die Schlange bis zur Ampel. Man kann die Zeit überbrücken, indem man sich Gedanken macht, welches der sieben Toppings man gern drauf hätte.

Schokostreusel? Smarties? Knusperkrokant? Und man kann schätzen, wie viele dieser bunten Kugeln in ihren sechs Farben wohl in den gut zwei Meter langen Röhren sein mögen, hinten an der Wand.

Überlegungen, welches Eis man gern hätte, braucht man nicht anzustellen, denn hier gibt es immer wieder andere Sorten, und welche es an diesem Tag gibt, weiß man erst, wenn man vor der Kühltruhe steht. Insgesamt 51 Rezepturen hat Inhaber Memo Balci auf seinem Zettel, ist einer der zwölf Kübel vorne in der Vitrine leer, schwupps, kommt eine neue Sorte aus dem Kühldepot. Crème brûlée raus, Wiener Mandel rein, Überraschung, hier findet sich was für jeden Geschmack. Wer hier nicht fündig wird, hat einen an der Waffel.

2016 eröffnete Balci seine Eisdiele zwölf Jahre nach seiner ersten Bäckerei in der Prinzregentenstraße. Ein farbenfroher Ort zum Wohlfühlen. Die Kugeln sind für 1,30 Euro üppig portioniert, nicht ganz so mächtig für 80 Cent als Kinderkugel. Zu empfehlen ist der Verzehr im selbst gemachten Waffelbecher. Und wenn die Warterei zu lang dauert: einfach hinten in den Röhren die Kugeln zählen.

TIPP: Für alle Freunde der Münchner Lokalhistorie: Im Supermarkt-Discounter gegenüber war früher ein Theater. Tragische Geschichte: Weil er nach einer Aufführung hier versehentlich eingesperrt wurde und in den ungeheizten Räumen übernachten musste, erlitt der Komiker Karl Valentin eine Lungenentzündung, an der er wenig später, am 11. Februar 1948, starb.

Adresse Wörthstraße 1, 81667 München, www.chocolatte.website, Tel. 089/28973092 // **ÖPNV** Tram 15, 25, Haltestelle Wörthstraße // **Öffnungszeiten** bei schönem Wetter bis spät in den Abend // ab 1 Jahr

25_ AN DER GERNER BRÜCKE

Stadtidyll am Kanal: mit Blick auf Schloss und Enten

In den vergangenen Jahren entwickelten sich einige Stätten bei der Münchner Jugend zu Party-Hotspots. Die Monopteros-Wiese, der Friedensengel, der Gärtnerplatz.

Auch am Nymphenburger Kanal gibt es so einen Treffpunkt, ihn als Feiermeile zu bezeichnen wäre aber übertrieben. Schließlich ist sie nur 29 Meter lang, die Gerner Brücke, die untertags nicht nur viel beschaulicher ist, sondern auch eine der spektakulärsten Sichtachsen der ganzen Stadt bietet. Ein bildschöner Ort, um mit seinen Kindern auf das Schloss weit in der Ferne zu blicken, auf der anderen Seite in Richtung Hubertusbrunnen, oder einfach den Enten zuzuschauen, im Wasser oder bei ihrer Landpartie auf dem kleinen Abhang davor.

Kanalbauer Kurfürst Karl Albrecht wollte um 1730 eigentlich einen barrierefreien, brückenlosen Blick von Ost nach West. Doch weil München wuchs und die Leute ja irgendwo auch mal über den hinderlichen Wassergraben mussten, kam 1892 erst die Ludwig-Ferdinand-Brücke, über die heute Fahrbahnen und Tramgleise führen, und 1897 die Gerner Brücke.

Auch für eine Familientour durch die beiden Viertel ist sie ein schöner Ausgangspunkt, besonders auf dem Weg zu dem kleinen Grünstreifen mit seinen Fuß- und Radwegen, durch den weiter nördlich der Nymphenburg-Biedersteiner Kanal auf seinem Weg Richtung Olympiasee fließt. Ein idealer Nachmittagsausflug. Nachts sieht man eh nichts mehr. Nachts kommt die Jugend wieder. Auf ihre 29 Feiermeter.

Adresse zwischen Renata- und Gerner Straße, 80638 München // ÖPNV Bus 144, Haltestelle Hubertusbrunnen, Tram 17, Bus 51, 151, Haltestelle Schloss Nymphenburg // ab 0 Jahre

TIPP: Die Spiel- und Holzwerkstatt von Richard Flügel in der Nördlichen Auffahrtsallee 62. Qualitativ wie pädagogisch hochwertiges Spielzeug: Kaufläden und Kugelbahnen, Schaukelpferde und Spieluhren.

26_DIE GROSSHESSELOHER BRÜCKE

Bahnbrücke mit Nervenkitzel

Sie war ein Wunderwerk der Ingenieurskunst. Als am 31. Oktober 1857 der erste Zug über die Großhesseloher Brücke, kurz Grolo-Brücke, dampfte, war das Bauwerk mit 31 Metern über der Isar eine der höchsten Eisenbahnbrücken der Welt. Auch wenn sie längst nicht mehr zu den Rekordhaltern zählt und das alte Viadukt durch einen Neubau ersetzt wurde: Faszinierend ist sie bis heute, für Kinder, aber nicht nur.

Immer wieder musste die Grolo-Brücke in den ersten Jahrzehnten ausgebessert und renoviert werden, das Gewicht der Züge setzte ihr arg zu. Ende April 1945 scheiterte das Vorhaben der Nazis einer Sprengung am Widerstand vieler Bürger. Schließlich war die Brücke der letzte verbleibende Weg der Milchversorgung für die Stadt.

Nicht verhindern konnten Proteste in den 1980er Jahren den Abriss der alten und maroden Grolo. Auch wenn der Fußgängerweg seitdem nicht mehr wie zuvor aufregend nahe neben der Bahntrasse verläuft, sondern auf einer zweiten Ebene unter den Gleisen: Egal, ob zu Fuß oder mit dem Radl, ein leicht nervenkitzelndes Erlebnis ist es bis heute, wenn die Züge der Oberlandbahn Richtung Berge über einen hinwegrumpeln und der Blick nicht auf die Silhouette Münchens im Norden fällt, sondern durch die schmalen Lücken der Holzbretter senkrecht nach unten zur Isar, wo gerade am westlichen Ufer mit die besten Kiesbänke der Stadt zum Steineschmeißen einladen. Sie ist sicher die imposanteste Brücke Münchens. Ob man auf ihr steht oder unter ihr.

TIPP: 100 Meter westlich der Brücke eröffnete 2015 im alten Bahnhofskiosk das »Isarfräulein«. Ein liebenswertes Lokal mit Kuchen, Quiche und Brotzeit.

Adresse Großhesseloher Brücke, 82049 Pullach // **ÖPNV** S 7, Haltestelle Großhesselohe Isartalbahnhof, Tram 15, 25, Haltestelle Großhesseloher Brücke // ab 0 Jahre

27_DIE HEILIG-GEIST-KIRCHE

Wie eine Breze ins Deckenfresko kam

Ohne genaue Kenntnis kann es dauern, bis man in der Decke inmitten der opulenten Ausschmückung jenes winzige Detail erkennt, das hier in der Heilig-Geist-Kirche so überraschend und einzigartig wirkt: ein Mann mit einer Breze in der Hand.

Nur ein kleiner Tipp: Das barocke Deckenfresko befindet sich über dem Mittelgang, es stammt von Cosmas Damian Asam und datiert auf 1727. Die Verewigung des Laugengebäcks war nicht einfach eine humoristische Einlage, sondern hatte historische Bewandtnis.

1318 spendete der Kaufmann Burkard Wadler 63 Pfund an Pfennigen an das Heilig-Geist-Spital, das reichte jede Woche für eine zusätzliche Speisung der Kranken und der Armen. Aber es kam noch besser: Einmal im Jahr, am 27. Dezember, sollten alle Münchner von der Großherzigkeit profitieren, also schickte Wadler den sogenannten Brezenreiter los, der neben dem Spital 3.000 Brezen unters Volk verteilte.

Fast 500 Jahre hielt diese Tradition, bis 1801. Als dem Reiter die Brezen ausgingen, zogen die zürnenden Bürger den armen Mann vom Schimmel und verprügelten ihn. Damit hatte es sich ausgebrezelt.

Einen Schimmel erkennt man auch in Asams Fresko, daneben der Mann, der demütig gebeugt dem Pferd in die Augen blickt. Dankbar für die opulente Barockbreze. Zum Reinbeißen.

TIPP: Wer Appetit bekommt: Die besten Brezen der Innenstadt gibt es auf der anderen Seite des Viktualienmarkts. Beim Backstandl Karnoll und gegenüber bei der Bäckerliesl, bei der auch Bastian Schweinsteiger als Stammkunde sein Brot kaufte, als er in seiner Münchner Zeit am Gärtnerplatz wohnte.

Adresse Prälat-Miller-Weg 3, 80331 München // **ÖPNV** S 1 bis S 8, U 3, U 6, Bus 132, Haltestelle Marienplatz // ab 3 Jahre

28_DIE HIRSCHAU

Abenteuerspielplatz bei der alten Arbeiterkantine

Nein, Mitte des 19. Jahrhunderts wäre das kein erwähnenswerter Ort für Kinder gewesen. Mehr einer von 111 Münchner Orten für Stahlarbeiter in der Mittagspause, die man gesehen haben muss. Nebenan am Eisbach stand damals die große Maschinenbaufabrik von Joseph Anton von Maffei, ab 1841 wurden hier Hunderte Lokomotiven gebaut, die auf achtspännigen Tiefladern spektakulär durch die Stadt zum Hauptbahnhof transportiert wurden. Mittags kamen die Arbeiter hierher in ihre Kantine, die damals »Hasenstall« hieß, doch je mehr sich der Englische Garten als Freizeitrefugium der Münchner etablierte, umso mehr Ausflügler und Spaziergänger kamen her, bald wurde es eng für die Maschinenbauer.

Heute ist die »Hirschau« (heißt so, weil hier früher viel Wild herumlief) gerade für Familien einer der besten Biergärten für einen entspannten Nachmittag mit Kindern – vor allem dank des ringsum eingezäunten und gut einsehbaren Spielplatzes. Rund um Piratenschiff, Kletterwand und Seilbahn fühlen sich die Kinder wohl und die Eltern draußen an den Tischen auch.

Einen Platz findet man immer leicht, sieht man von den begehrten Sonntagnachmittagen ab, wenn ab 14 Uhr Livebands Oldies spielen oder Jazz, Boogie oder Blasmusik, was zwar eine ruhige Unterhaltung bei Tisch hörbar erschwert, aber immerhin die Kinder erfreut. Ob sie das Piratenschiff erobern oder die Tanzfläche vor der Bühne: Ja, inzwischen ist die »Hirschau« längst ein Ort für Kinder. Absolut erwähnenswert.

Adresse Gyßlingstraße 15, 80805 München, www.hirschau-muenchen.de, Tel 089/36090490 // ÖPNV Bus 59, Haltestelle Osterwaldstraße // Öffnungszeiten bei schönem Wetter täglich von 11–23 Uhr, am Wochenende ab 10 Uhr // ab 0 Jahre

TIPP: Die Terrasse beim Tennisplatz nebenan. Vor einigen Jahren wurde das Gelände neu gestaltet mit schöner Wiese und einem Hügel samt Pavillon, den Kinder immer gern ansteuern.
HIRSCHAU

29_IM HIRSCHGARTEN

Wildfütterung neben Münchens größtem Biergarten

In der Liste der Landschaftsschutzgebiete trägt der Hirschgarten die offizielle Bezeichnung LSG-00120.16. Hatte man davon bisher keine Kenntnis, so ist das nicht weiter schlimm, es reicht zu wissen, dass der Hirschgarten den größten Biergarten der Stadt beherbergt – und vor allem ein Freizeitparadies für Kinder mit Spielplätzen, Wiesen, Tischtennisplatten und Wildgehege.

Tiere tummelten sich hier schon vor 300 Jahren, damals in einer Fasanerie. Zur Vermeidung teurer Importe von Seide entstand dann die Idee einer Seidenraupenzucht. Weil das Projekt kolossal scheiterte und der Schuss nach hinten losging, errichtete ein Jägermeister einen Tiergarten mit Damwild und Edelhirschen.

Zu Tausenden strömten die Münchner an Sonntagen hierher, und weil überall dort, wo der Münchner gern verweilt, ein Biergarten nicht fehlen darf, gab es ab 1791 eine große Gaststätte.

Bis 1945 übrigens liefen die Tiere frei durch den Biergarten, es gibt Bilder vom damaligen Platzhirsch Hansl, der sich gern zu den Gästen gesellte und einen herzhaften Schluck aus dem Maßkrug nahm, bevor er angezwitschert Kindern die Brezn aus der Hand fraß. Es heißt, manchmal habe er auch noch den ein oder anderen Finger als Fleischbeilage erwischt.

Heute haben es Kinder hier leichter, Hansls 30 eingezäunte Nachfahren sind zutraulich, durch die Bank Abstinenzler und lassen sich gern mit Gras oder Blättern füttern. Immer schön hier im Hirschgarten. Klingt auch besser als Seidenraupengarten.

Adresse Hirschgarten 1, 80639 München, www.hirschgarten.de // **ÖPNV** S 1, S 2, S 3, S 4, S 6, S 8, Haltestelle Hirschgarten, Tram 16, 17, Bus 62, Haltestelle Steubenplatz, Bus 51, 151, 211, Haltestelle Hirschgartenallee // ab 0 Jahre

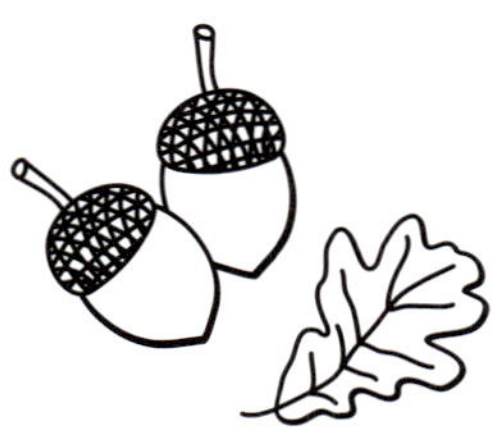

TIPP: Jedes Jahr im Juli steigt gleich neben dem Biergarten für eine Woche eines der kleinsten, aber dafür schönsten Münchner Volksfeste, die Magdalenendult, seit mehr als 60 Jahren ein liebenswerter Jahrmarkt mit Buden und Fahrgeschäften.

30_DIE ICKINGER SKI-SPRUNGSCHANZE

Sporthistorisches Monument im Isartal

Mag sein, dass sie keiner mehr braucht, hinten an der Hangkante. Aber auch wenn viel Gras über sie gewachsen ist, hat sie noch immer eine besondere Ausstrahlung, die Skisprungschanze in Icking.

Mitte der 1920er Jahre boomte der Wintersport, nach den ersten Olympischen Winterspielen in Chamonix. Überall entstanden Wettkampf-Orte, 1925 gab es sogar eine Skisprungschanze in München: in der Roth'schen Kiesgrube in Bogenhausen, auf dem Gelände des heutigen Denninger Angers und des später nach der Familie benannten Hotel- und Sportgeländes Rothof.

Auch der WSV Icking baute eine Schanze am Südrand des Ortes. Der erste Springer ging an Weihnachten 1926 über den Schanzentisch. Zahlreiche Meisterschaften fanden hier statt, zu denen Tausende Besucher mit der Eisenbahn aus München kamen. In den 1950er Jahren gab es sogar Flutlichtspringen mit Hilfe eines Dieselgenerators. In den Archiven findet sich zudem ein gewisser Tim Ackermann aus Pasing als Schanzenrekordhalter, mit einer Weite von 42 Metern. Bis ins Jahr der Münchner Sommerspiele von 1972 war die Schanze in Betrieb, dann wurde sie stillgelegt.

Neben dem Aufsprunghügel erkennt man noch den alten Kampfrichterturm und unten den flachen Auslauf Richtung Isar. Offiziell ist das Betreten des Bauwerks verboten, umso erstaunlicher also, wenn man an warmen Sommertagen zwei Liegestühle auf der Spitze des Sprungturms erspäht. An diesem sporthistorischen Denkmal im Isartal.

Adresse Spatzenloh 14, 82057 Icking, gleich neben dem Sportplatz des WSV // **ÖPNV** S 7, Haltestelle Icking, von dort 5 Minuten zu Fuß // ab 4 Jahre

TIPP: Den Weg weiter Richtung Süden gehen, eine gemütliche kleine Wanderung nach Wolfratshausen. Unterwegs von einem Aussichtspunkt den atemberaubenden Blick auf den Zusammenfluss von Isar und Loisach mit Alpenkette im Hintergrund genießen. Und vor der Heimfahrt auf ein Schnitzel in die Gaststätte »Flößerei« direkt neben der Loisachhalle.

31_DER ISARTALBAHN-WEG

Sanfte Steigung auf der alten Bahntrasse

Man muss sie etwas suchen, die Gleise am Wegrand. Richtung Süden auf der rechten Seite, gleich nach dem Spielplatz kurz vor dem alten Lokschuppen, heute Heimat von Büros und Firmen. Marode Schienen, überwachsen von Gras und Blumen. Rostige Zeugen Münchner Eisenbahngeschichte.

Mehr als sieben Jahrzehnte brachte die Isartalbahn ab 1891 die Münchner in den Süden. Die Trasse war gut 50 Kilometer lang, vom Isartalbahnhof an der Schäftlarnstraße über Pullach und Wolfratshausen und Haltepunkte wie Bolzwang, Fletzen, Bocksberg bis nach Bichl. An die Zeit erinnert heute noch manch alter schienenloser Bahnhofsbau wie der in Bad Heilbrunn und seit einigen Jahren eben auch der Isartalbahnweg. Eine asphaltierte Fuß- und Radlstrecke auf der früheren Zugpassage zwischen dem Asam-Schlössl in Thalkirchen und dem Südende der Heilmannstraße.

Gerade für einen Radlausflug mit Kindern in den Süden ist der Isartalbahnweg bestens geeignet, als ruhigere Parallelstrecke zu den Wegen entlang der Isar. Sehr angenehm die sanfte Trassensteigung von konsequent zwei Prozent mit gemächlichen 40 Höhenmetern auf zwei Kilometern. Mehr Prozent haben die Lokomotiven damals nicht gepackt, auf ihrem Weg nach Süden.

Adresse ab Benediktbeuerer Straße, 81379 München, bis zur Heilmannstraße, 81479 München; alte Schienenstücke der Trasse gibt es schon nördlich des Weg-Anfangs auf Höhe der Adresse »Isarwinkel« neben dem alten Rangierbahnhof der Bahn // ÖPNV von Norden: U 3, Haltestelle Thalkirchen, Bus 135, Haltestelle Floßlände; von Süden: S 7, Bus 134, 135, 136, 270, Haltestelle Solln // ab 4 Jahre

TIPP: Der Gasthof Hinterbrühl, einst geführt vom früheren 1860-Präsidenten Karl-Heinz Wildmoser, überzeugt nicht nur mit Biergarten und zwei Spielplätzen, sondern an sommerlichen Nachmittagen auch mit Blick auf die Flöße im Isarkanal.

32_DAS JÜDISCHE MUSEUM

Schalom bei Honigäpfeln und koscheren Gummibärchen

Ein schönes Beispiel ist Rosch ha-Schana, das Neujahrsfest. Ein idealer Tag für Kinder, um mehr zu erfahren über jüdisches Leben und Kultur und um Fragen zu stellen. Warum leben wir schon im 58. Jahrhundert? Warum tunkt man Äpfel in den Honig? Und was hat es auf sich mit den koscheren Gummibärchen? Schalom im Jüdischen Museum.

Seit 2007 steht das Museum als Teil des Gemeindezentrums am St.-Jakobs-Platz, es bietet einen faszinierenden Einblick in die Geschichte jüdischen Lebens in München über die Jahrhunderte bis hin zu den Schrecken der Nazizeit, Verfolgung, Deportation, Holocaust.

Auch für Kinder gibt es immer wieder interessante Führungen, Kurse, Workshops, so wie eben rund um den Neujahrstag. Dabei erfahren sie etwa, dass die Zahl 5779 im jüdischen Glauben für die Jahre seit der Schöpfung der Welt steht. Dass Honigäpfel ein gutes Omen für ein süßes neues Jahr sein sollen. Und dass hier Gummibärchen eben nicht wie üblich aus Gelatine von Schweinen bestehen, sondern, der koscheren Speisegesetze wegen, aus Gelatine von Fischen. Um den Besuch abzurunden, empfiehlt sich ein Besuch des Museumsshops, mit Schmuck und Spielzeug, Festtags-Deko wie der »Girlande Maseltov« oder Schreibschablonen mit den jüdischen Buchstaben.

Ein guter Ort für Kinder, um in die Welt des Judentums einzutauchen. Und natürlich für die Äpfel in den Honig.

Adresse St.-Jakobs-Platz 16, 80331 München, www.juedisches-museum-muenchen.de // **ÖPNV** S 1 bis S 8, U 3, U 6, Haltestelle Marienplatz, Bus 52, 62, Haltestelle St.-Jakobs-Platz // **Öffnungszeiten** Di–So 10–18 Uhr, Informationen zu Führungen und Kinderangeboten auf der Homepage; Eintritt: Erwachsene 6 Euro, Kinder unter 18 Jahre frei // ab 6 Jahre

TIPP: In der Glockenbachwerkstatt in der Blumenstraße gibt es nicht nur einen der letzten offenen Bolzplätze der Innenstadt, sondern in den Ferien auch Kinderprogramm mit Ausflügen und Freizeitspaß (Infos unter glockenbachwerkstatt.de).

33_DER KABINETTSGARTEN

Mediterraner Zufluchtsort an der Residenz

Auf der Rückseite der Residenz findet man einen bezaubernden Ort, den zentralsten und ruhigsten Garten der Altstadt – den 1.000 Quadratmeter großen Kabinettsgarten.

Gegen Mitte des 19. Jahrhunderts unter König Ludwig I. angelegt, verwahrloste der Garten nach dem Ende der bayerischen Monarchie, er diente mal als Gemüsebeet, mal als Hühnerhof. Bis 2003, als der Landschaftsarchitekt Peter Kluska den Garten neu gestalten durfte: mit Linden und Magnolien, mit Blütenstauden, Buchsbaumhecken und Kübelpflanzen, mit von grünen und roten Glasmosaikstreifen durchzogenen, flachen Wasserbecken und einem Springbrunnen, hinten in der Mitte im Schatten des Platanen-Quadrats. Und mit der Skulptur »Flora 3« des Landshuter Bildhauers Fritz Koenig, der spätestens zu Weltruhm kam, als sein Kunstwerk »The Sphere« vor dem World Trade Center den Einsturz der Twin Towers an Nine-Eleven überstand.

Ein mediterraner Giardino, der auch als zehnter und letzter Hof der Residenz bezeichnete Kabinettsgarten. Kein Ort mit hoher Bespaßungsdichte, nichts zum Herumtoben und Lärmen. Aber genau das Richtige, wenn man mit seinen Kindern nach stundenlangem Stadtbummel durchschnaufen möchte. Auf den Steinbänken sitzen, brotzeiteln, in den Garten schauen und abschalten. Ein idyllischer Zufluchtsort im urbanen Gedröhne.

TIPP: Die Residenz wie auch die benachbarte Staatsoper bieten regelmäßig spannende Führungen für Kinder und Jugendliche an. Einfach bei beiden Häusern auf der Homepage nach Terminen suchen und anmelden.

Adresse auf der westlichen Seite des Marstallplatzes, hinter der Alfons-Goppel-Straße, 80539 München // **ÖPNV** U3, U4, U5, U6, Bus 100, 153, Haltestelle Odeonsplatz, Tram 19, Haltestelle Nationaltheater // **Öffnungszeiten** täglich 9–22 Uhr; Eintritt frei // ab 0 Jahre

34_IM KAISER OTTO

Mehr als ein Eltern-Kind-Café

Die Sache mit der Namensfindung zog sich hin. Lange hatten Georg und Barbara Karuth nachgedacht, bis sie auf eine Kombination aus einem Herrschertitel und Georgs zweitem Vornamen kamen. Prägnant, ungewöhnlich, aber leicht zu merken. Inzwischen ist der Name ein fester Begriff, das »Kaiser Otto« im Glockenbachviertel.

Mit der Eröffnung des Lokals im März 2009 erfüllte sich das Ehepaar Karuth einen Traum. Der Jurist und die Gesundheitsökonomin übernahmen direkt unter ihrer eigenen Wohnung die Räume des ehemaligen »Selberschön«, einer Kreativwerkstatt, in der man malen konnte, schneidern oder Bücher binden. Und kreativ blieb es auch im neuen Laden, wo die Kinder nun spielen konnten, zeichnen und basteln.

Als Eltern der damals sechsjährigen Maria und des zweijährigen Gustav führten sie seinerzeit als eines der ersten Cafés für fünf Euro eine Kinderbetreuung ein – ein Angebot, das es heute nicht mehr gibt, nachdem viele Gäste wünschten, auf ihre Kleinen am liebsten selbst aufzupassen. Die Reduzierung auf ein reines Eltern-Kind-Lokal hören die Karuths gar nicht gern, auch kinderlose Gäste sollen sich frei von Geplärr und Geschrei wohlfühlen. Deswegen gibt es für die Kinder nebenan ein 27 Quadratmeter großes Spielzimmer mit Stofftieren und Kuschelecke, Büchern und Tischkicker. Üppig ist die Menü-Auswahl, jede Menge vegan und vegetarisch, dazu gibt es auch Schnitzel (vom Schwein) und Minutensteaks vom Bio-Rind. Man sieht die Handschrift der Gesundheitsökonomin.

TIPP: Nach dem üppigen Sonntagsbrunch auf einen ausgiebigen Verdauungsspaziergang durchs Viertel und hinüber zum großen Spielplatz am Glockenbach.

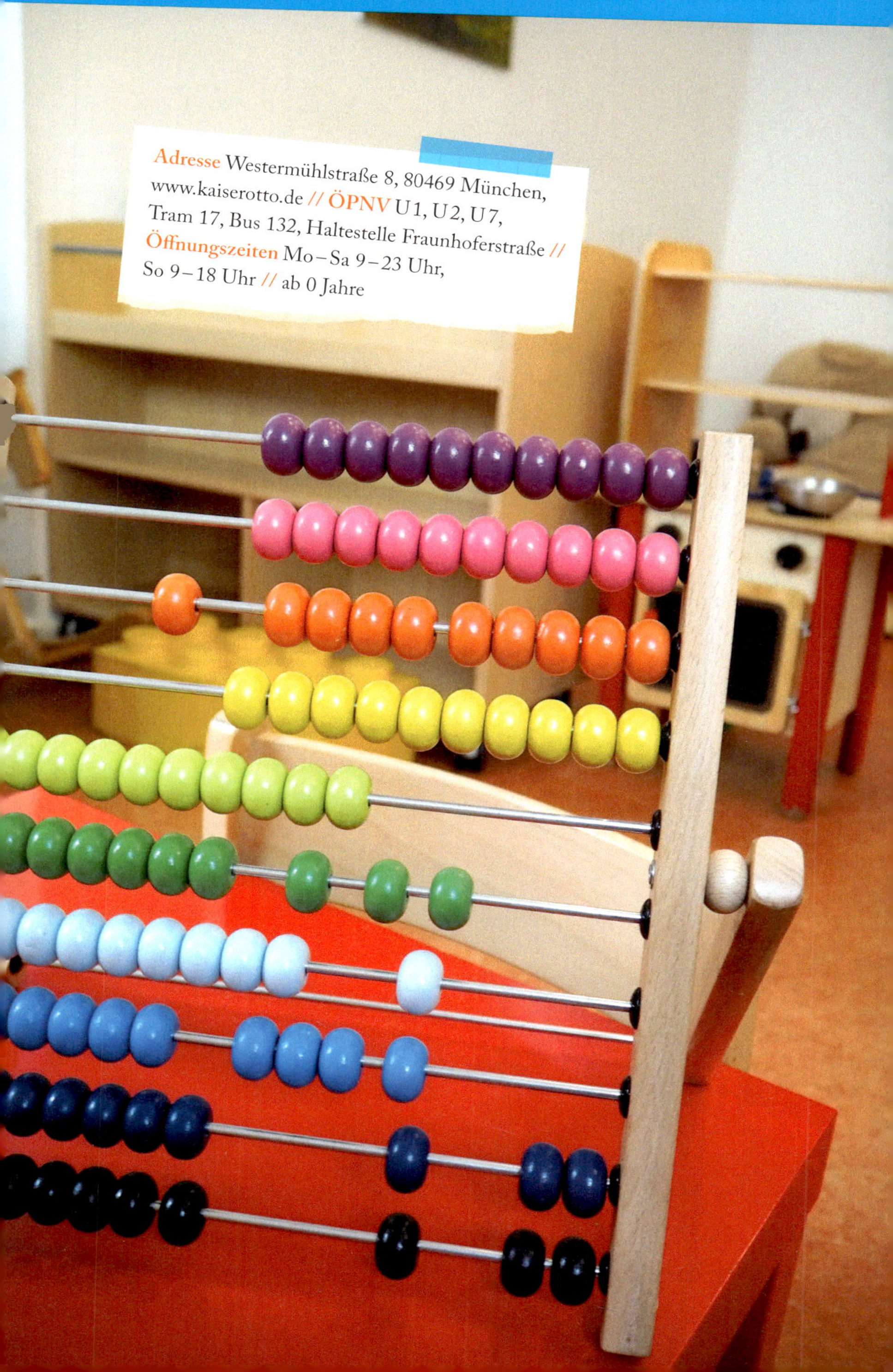

Adresse Westermühlstraße 8, 80469 München, www.kaiserotto.de // **ÖPNV** U 1, U 2, U 7, Tram 17, Bus 132, Haltestelle Fraunhoferstraße // **Öffnungszeiten** Mo – Sa 9 – 23 Uhr, So 9 – 18 Uhr // ab 0 Jahre

35_ AM KATZENBUCKEL

Die große Spielwiese Obergiesings

Mag er auch ganz am Rand liegen, kurz vorm Mittleren Ring, der Grenzlinie zu Harlaching – hinsichtlich des Freizeitangebots ist er das zentrale Herzstück Obergiesings: der Weißenseepark, den viele Giesinger nach seinem westlichen Abschnitt und der alten historischen Bezeichnung nur »Katzenbuckel« nennen.

Ein herrlicher Park, Mitte der 1980er Jahre auf dem Areal einer Kiesgrube und einer Kleingartenanlage angelegt, der sich schon bald zu einem beliebten Treffpunkt für das ganze Jahr entwickelte. Ob im Winter auf dem Rodelhügel zum Schlittenfahren oder ab Frühjahr zum Fangsti- oder Fußballspielen, zum Entspannen oder Picknicken oder zu den traditionellen Stadtteilfeiern.

Als vor einigen Jahren nebenan auf dem einstigen Agfa-Gelände ein Quartier für rund 2.000 neue Bewohner heranwuchs, wurde die mehr als 82.000 Quadratmeter große Grünanlage von der Stadt

München aufgehübscht. Dabei entstand eine der schönsten und weitläufigsten Münchner Spielanlagen: von der Wasserpumpe bis zur Wippe, vom Bolzplatz bis zur Boule-Anlage, vom Schachfeld bis zur Sommerstockbahn – ein einziger großer Spielplatz.

Ein absolutes Muss für alle radlfreudigen Abenteurer ist die Dirtbike-Anlage mit welligem Gelände und aufgeschütteten Hügeln. Da macht die Katze viele Buckel.

TIPP: Auf der anderen Seite des Mittleren Rings schließt sich hinter dem St.-Quirin-Platz ein Grünstreifen an, der auch an der Rückseite des Trainingsgeländes vom FC Bayern vorbeiführt und beste Blicke auf die Übungseinheiten der Topstars bietet.

Adresse Weißenseepark, 81539 München // **ÖPNV** U 2, U 7, Haltestelle Untersbergstraße, U 1, Haltestelle St.-Quirin-Platz, Bus 54, Haltestelle Fockensteinstraße, Bus 147, 220, Haltestelle Traunsteiner Straße // ab 0 Jahre

36_IM KATZENTEMPEL

Schnurrende Gesellschaft bei Kaffee und Sandwich

So gegen halb eins, wenn sich das Lokal zur Mittagszeit füllt, zieht sich Balou meist zurück. Unter die Bank im Nebenzimmer etwa. Balou ist eher ein Eigenbrötler, der gern seine Ruhe hat. Ayla, genannt Prinzessin, hat weniger Scheu, sie fläzt sich mitten im Raum auf dem Boden, während Gizmo friedvoll in einem Körbchen schlummert. Und Dreibeiner Jack, dem einmal ein Auto eine Pfote abgefahren hat, verfolgt das Geschehen erhaben von der Spitze seines Kratzbaums. Sie führen ein ganz glückliches Leben hier, die Tempelkatzen im »Katzentempel«.

Ein außergewöhnlicher Ort, das Lokal von Kathrin Karl und Thomas Leidner, mit den sechs Rassekatzen, die alle aus dem Tierheim kamen, jede mit ihrem eigenen Schicksal. Und auch die beiden Inhaber haben eine eigene Vergangenheit, beide Aussteiger aus ihren alten Berufen. Sie promovierte Biochemikerin, danach kurz Unternehmensberaterin. Er Banker, an der Börse handelte er mit Derivaten, Staatsanleihen, wettete auf Krisen, solche Sachen. Bis ihm die Absurdität fiktiver Finanzgeschäfte auf den Magen schlug und er sein Leben radikal änderte.

Als altem Katzenfreund kam ihm die Idee eines Cafés als entspannter Begegnungsort für Mensch und Tier. Natürlich sind Kinder herzlich willkommen, die Tiere dürfen auch sanft gestreichelt werden, gebeten wird nur um respektvollen Umgang. Bitte die Tiere nicht als Spielzeug sehen. Ein friedlicher Ort, an dem jede der Katzen nun wieder mit vier Pfoten im Leben steht. Außer Jack natürlich. Der steht auf dreien.

Adresse Türkenstraße 29, 80799 München, www.katzentempel.de, Tel. 089/20061249 // **ÖPNV** Bus 68, 100, Haltestelle Maxvorstadt/Sammlung Brandhorst, Bus 153, 154, Haltestelle Türkenstraße // **Öffnungszeiten** Mo–Fr 11–20 Uhr, Sa 10–20 Uhr, So und Feiertage 10–18 Uhr // ab 3 Jahre

TIPP: Auf ein Gelato zum »Ballabeni«, Ecke Türken-/Theresienstraße, gegenüber vom Museum Brandhorst. Zweifellos eine der besten Eisdielen der Stadt. Merkt man nicht nur an den langen Warteschlangen, sondern ganz einfach auch am Geschmack.

37_DER KICKER IM TÜRKENHOF

Tischfußball in der alten Künstlerkneipe

Dass sich der gute alte Kicker immer noch enormer Beliebtheit erfreut, ist erfreulich. Weniger erfreulich ist, dass die meisten Tische in Nachtclubs oder Bars mit reiner Abendöffnung stehen und daher für eine Partie mit den eigenen Kindern nur bedingt möglich sind. Andere Geräte stehen in Schulen oder Freizeittreffs. Oder auch in Krankenhäusern. Da mag man aber auch nicht hin. Wie gut, dass es da den »Türkenhof« gibt.

Ein traditionsreiches Studentenlokal in der Türkenstraße, einer Hauptschlagader der Maxvorstadt, benannt nach dem Kanal im Türkengraben, der so hieß, weil es mal das falsche Gerücht gab, türkische Kriegsgefangene hätten Ende des 17. Jahrhunderts das Kanalbett ausgehoben. Stimmte aber gar nicht. Fake News.

Dass der »Türkenhof« einst eine Künstlerkneipe war, zeigt sich auch an dem bis heute prägnanten Logo. Ein Gesicht mit einem Fez auf dem Kopf, von Ohr zu Ohr durchbohrt mit einem Pinsel – gemalt von einem Schüler des britischen, auch »Blaubart« genannten Kunstakademie-Professors Robin Page, der im Hinterhof des Lokals Kurse gab und danach gern samt Studenten hier einkehrte, auf ein Getränk oder – meistens – mehr.

Heute ist der »Türkenhof« ein bodenständiges Familienlokal mit üppigen Portionen. Für Kinder gibt es ein kleines Schnitzel (6,50 Euro) oder Pasta Bolognese (5,80 Euro). Genau die richtige Stärkung für die nächste Runde am Kicker.

TIPP: Noch ein uriges Lokal mit Spiel und Spaß gefällig? Der legendäre »Schelling-Salon« eine Straße weiter mit seinen sieben Billardtischen mitten im Lokal – und mit drei Tischtennisplatten unten im Keller.

Adresse Türkenstraße 78, 80799 München, Tel. 089/2800235 // **ÖPNV** U 3, U 6, Haltestelle Universität, Bus 153, 154, Haltestelle Türkenstraße // **Öffnungszeiten** täglich 11 – 1 Uhr, Fr, Sa bis 2 Uhr // ab 6 Jahre

38_BEIM KIDDI-CAR IN BRUCK

Heiterer Einstieg in die Welt des Straßenverkehrs

Die ersten Lacher gibt es schon bei der Einweisung – wenn Bastian Kubitza seine Papierbögen mit den Verkehrszeichen hochhält und erklärt, welches Schild was bedeutet. Das viereckige Spiegelei? Vorfahrtsstraße! Und Karate-Tomate, der weiße Gurt im roten Kreis? Einfahrt verboten. Müssen die kleinen Gäste aber auch wissen, bevor sie sich aufs Elektro-Quad schwingen und ihre Runden drehen – beim »Kiddi-Car« in Fürstenfeldbruck, seit mehr als zwei Jahrzehnten eine Freizeit-Institution im Münchner Westen.

Wegen eines Herzinfarkts hatte sich Bastians inzwischen verstorbener Vater Ehrenfried Kubitza 1997 selbstständig gemacht und setzte seine Idee eines Verkehrstrainings für Kinder in die Tat um. Damals ging es noch in kleinen Autos mit Motorantrieb ringsherum, heute lernen die Besucher auf Elektro-Quads das kleine Einmaleins der Verkehrssicherheit, auf dem Rundkurs mit seinen Haupt- und Nebenstraßen in Einbahnrichtung, mit Ampeln und Verkehrszeichen, Kreuzungen und Zebrastreifen. Ganz anders als beim Autoscooter geht es hier nicht um blindwütige Raserei, sondern um heitere und pädagogische Einführung in die Alltagswelt des Straßenverkehrs. Und dass tatsächlich viel hängen bleibt, merkt man noch Wochen nach dem Besuch – wenn die Kinder beim Autofahren all die Zeichen vom Rücksitz aus kommentieren. Vom viereckigen Spiegelei bis zur Karate-Tomate.

TIPP: Interessanter Exkurs in die Vergangenheit: Ein Besuch des Bauernhofmuseums Jexhof zwischen Fürstenfeldbruck und dem Wörthsee bietet einen Einblick in das Landleben zu Beginn des 20. Jahrhunderts.

Adresse Theodor-Heuss-Straße 7, 82256 Fürstenfeldbruck, www.kiddicar.de, Tel. 08141/42238 oder 0172/8147488 // **ÖPNV** S 4, Haltestelle Fürstenfeldbruck, dann Bus 840, Haltestelle Theodor-Heuss-Straße // **Öffnungszeiten** April–Okt., während der Schulzeit Sa, So und Feiertage 14–18 Uhr, in den Ferien täglich 14–18 Uhr, keine Anmeldung nötig, Infos zu Kindergeburtstagsfeiern auf der Webseite; Preise: eine Fahrt (circa 5 Minuten) 4,50 Euro, drei Fahrten 13 Euro, sechs Fahrten 25 Euro, zehn Fahrten 39 Euro, 20 Fahrten 72 Euro. Karten übertragbar und das ganze Jahr gültig // ab 6 Jahre

39_DIE KINDER- UND JUGENDFARM

Bauernhof-Flair in Neuaubing

Die beiden Mädchen hatten an diesem Samstag viel zu tun. Schubkarrenweise schoben sie das Heu aus dem Stall von Maxi und Nelly, den beiden Ponys. Ausmisten, das Futter vorbereiten, das Außengelände pflegen. Die Tiere striegeln, die Tröge füllen. Man kann und darf hier gern anpacken, auf dem anderthalb Hektar großen Areal der Kinder- und Jugendfarm Neuaubing, dem Ort mit Bauernhof-Charakter.

Seit 1989 gibt es die Farm, damals stand sie noch am äußersten Stadtrand Münchens. In den 1990er Jahren drohte ihr das Ende, sie sollte der Bebauung des neuen Stadtteils Freiham weichen. Doch die Farmer wehrten sich, mit Vehemenz und mit Erfolg. Heute ist die Kinder- und Jugendfarm ein beliebter Treffpunkt. Das Gelände ist frei zugänglich, jeder ist willkommen, ob er die Tiere nur anschauen, sie streicheln oder sie umsorgen möchte. Es gibt Schweine, Schafe, Ziegen und Hühner. Man kann bei der Farmarbeit mitmachen oder einfach auf der Wiese mit dem Spielplatz umhersausen.

Stammkinder hingegen kommen einmal pro Woche an einem festen Tag zum Mithelfen. Betreut wird die Farm von fünf hauptamtlichen Mitarbeitern aus den unterschiedlichsten Bereichen, vom Erzieher über den Sozialpädagogen bis zum Schreinermeister.

An Samstagen sind bis zu 400 Kinder hier, und bald werden es noch mehr, wenn nebenan das neue Viertel fertig ist und sie nicht mehr abseits am Rand liegt, sondern in die Stadt hineingewachsen ist, die Farm vor Freiham.

Adresse Wiesentfelser Straße 59, 81249 München, www.jugendfarm-muenchen.de, Tel. 089/8711287 // ÖPNV S 8, Haltestelle Freiham // Öffnungszeiten Di–Sa 10–18 Uhr, So und Mo geschlossen // ab 0 Jahre

TIPP: Für alle, die eher im Münchner Osten wohnen: Die Kinder- und Jugendfarm hat in der Görzer Straße 95 in Ramersdorf eine Zweitfiliale.

40_DAS KINDERKUNSTHAUS

Schwabings Kreativ-Hochburg für alle Generationen

Ein prominenter Besucher, der hier einmal vorbeischaute, kommt aus der Nachbarschaft, vom Kaiserplatz. Christian Ude, der Alt-OB, der sich hier an sein schönstes Kunstwerk als Kind erinnerte: ein gemaltes Plakat mit Piratenschiff und finsteren Seeräubern, das er an die Wand hängte und dann mit Ovomaltine-Dosen bewarf. Ein unkonventioneller, aber kreativer Ansatz, der ganz gut hierherpasst, ins Schwabinger Kinderkunsthaus.

2011 gegründet von der Schauspielerin Alexandra Helmig und ihrem Mann, dem Filmproduzenten Sebastian Zembol, als offener Ort für jedermann und abgesehen von Kursangeboten und Schulklassenbesuchen ohne erforderliche Voranmeldung – und ohne Leistungsdruck. Jeder darf künsteln, wie er mag.

Wichtig: Das Kinderkunsthaus ist keine Betreuungseinrichtung, in der die Kinder abgegeben werden, damit sich die Eltern einen ruhigen Nachmittag in Schwabing genehmigen können. Nein, hier sind Eltern, und auch Großeltern, mit dabei, um mit den Kindern gemeinsam Kunst zu erleben. Ob man Bilder mit Hilfe von Matchbox-Autos entwirft oder mit Salatschleudern. Ein echter Hingucker sind die Clips, die die Kinder im Medienlabor im Wallace-&-Gromit-Stil mit Knete entwerfen, Bild für Bild abfilmen und dann auf dem Hauskanal bei YouTube hochladen. Vielleicht dreht ja einer mal einen Film mit Piraten und Ovomaltine-Dosen. Der Nachbar vom Kaiserplatz fänd's lustig.

TIPP: Zur Belohnung nach dem gemeinsamen Kreativkünstlern auf einen üppigen Eisbecher in die Traditions-Gelateria Venezia am Kurfürstenplatz.

Adresse Römerstraße 21, 80801 München, www.kinderkunsthaus.de, Tel. 089/33035770 // ÖPNV Tram 12, 27, 28, Bus 53, 59, Haltestelle Kurfürstenplatz // Öffnungszeiten Mi – Fr 14 – 18 Uhr, Sa, So 10 – 18 Uhr, Mo, Di geschlossen; Eintritt: Tagespass 6 Euro pro Person inklusive Materialien; man kann bleiben, solang man möchte // ab 2 Jahre

41_DER KINDERSCHUH

Für alle, die auf kleinem Fuß leben

Eine der großen Herausforderungen, die es mit Kindern zu bewältigen gilt, ist der Kauf von Schuhen. Na, passt's? Oder drückt's? Ja, wo sind sie denn, die Zehen? Natürlich lassen die Kinder selbst nur selten Kriterien wie Komfort in ihre Entscheidung mit einfließen, sondern fast ausnahmslos die Optik. »Boah, sooo cool« oder »Jaaaa, die mit Glitzer«. Schuhkauf mit Kindern birgt Resignationspotenzial.

Gut, dass es da in München einige wenige Fachgeschäfte gibt, beispielsweise in der Kochelseestraße. »Der Kinderschuh« heißt wirklich so, weil Inhaber Walter Dimmelmeier wenig von verschnörkelten Namensgebungen hielt. Der Kinderschuh, klare Ansage. Auf die Idee kam Dimmelmeier Mitte der 90er Jahre, als seine eigenen Kinder das Gehen lernten und er vergeblich nach Geschäften mit guter Beratung suchte. Also eröffnete er selbst einen Laden. Ein mutiger Schritt, doch schon bald fasste er Fuß, kam das Geschäft ins Laufen.

So sehr, dass bald ein zweiter Laden in der Karl-Theodor-Straße dazukam. In seinem Stammsitz in Sendling hat Dimmelmeier rund 400 Modelle von 27 Herstellern in allen Größen von 18 bis hin zu 43 für Jugendliche und vor allem fachkundiges und kinderfreundliches Personal.

Wunderbar sind natürlich auch die Spielgeräte, die Holzburg mit Rutsche, Brücke und Häuschen. Aus Letzterem sind vor allem die Eltern, wenn sie ganz entspannt und beruhigt mit dem richtigen Paar den »Kinderschuh« verlassen. Für alle, die auf kleinem Fuß leben, ein idealer Laden. Passt.

Adresse Kochelseestraße 10, 81371 München, www.kinderschuh.de, Tel. 089/7243485 // ÖPNV U 3, U 6, Haltestelle Implerstraße, Bus 132, Haltestelle Gotzinger Platz // Öffnungszeiten Mo–Fr 10–13 und 14–18 Uhr, Sa 9.30–14 Uhr (ebenso in der Zweigstelle Karl-Theodor-Straße 42) // ab 0 Jahre

TIPP: Ein schöner kleiner Spielplatz findet sich in der Grünanlage zwischen Wackersberger und Valleystraße, die mit ihren Baudenkmälern in Jugendstil und Neoklassizismus zu den schönsten Straßen Münchens gehören.

42_ DAS KINDERZIMMER

Schwabings Pionier in Sachen Spielzeug

Auch das Logo hat eine eigene Geschichte. Das rot-weiß karierte Muster. Eine Erinnerung von Tomas Gremmler an seine eigene Kindheit, an die Decke aus seinem Kinderbett. Ein sehr persönliches und außergewöhnliches Geschäft, »Das Kinderzimmer« in der Kurfürstenstraße.

Als Tomas Gremmler den Laden vor mehr als einem halben Jahrhundert eröffnete, war er ein Pionier. Denn Geschäfte, die auf Lernspielzeug zur Förderung der Kinder spezialisiert waren oder Möbel aus hochwertigen und ungiftigen Materialien anboten, gab es 1966 kaum. Inspiriert war Gremmler dabei von einer Reise nach Zürich und dem dortigen Spielzeuggeschäft »Pastorini«.

Als Innenarchitekt legte er großen Wert auf ein in sich stimmiges Konzept, das sich abheben sollte von den großen Handelsketten. Viel Holz, wenig Plastik, nix Nullachtfünfzehn. Während Gremmler außerdem Kindergärten einrichtete, aber auch den ein oder anderen legendären Nachtclub im damals noch wilden Schwabing wie das »Take Five«, etablierte er sich mit seinem Laden schon bald als feste Größe für Eltern mit alternativem Anspruch, die nicht auf der Suche nach Handelsüblichem waren.

Sein Sohn Philipp Gremmler verkauft heute in zweiter Generation kluge Möbel, vom verstellbaren Himmelbett bis zum mitwachsenden Schreibtisch, ausgewähltes Spielzeug und dazu eine große Auswahl an Kinderwagen. Und manchmal schaut auch Vater Tomas noch vorbei. In seinem Geschäft mit dem Bettdecken-Logo.

TIPP: Eine empfehlenswert gute Pizza zu fairem Preis gibt es nicht weit entfernt im Da Angelo, dem familiären Italiener, Ecke Kurfürsten- und Franz-Joseph-Straße.

Adresse Kurfürstenstraße 55, 80801 München, das-kinderzimmer.de, Tel. 089/2716800 // **ÖPNV** Tram 12, 27, 28, Bus 53, 59, Haltestelle Kurfürstenplatz // **Öffnungszeiten** Mo–Fr 9.30–18.30 Uhr, Sa 9.30–14 Uhr // ab 0 Jahre

43_DER KIOSK AM HARRAS

Süßigkeiten mit Zeichnungen bei Frau Siebenmorgen

Wenn man bei der Frau Siebenmorgen einkauft und Zeit hat, weil die überübernächste U-Bahn auch noch reicht, kommt man an ihrem Kiosk am Harras schnell ins Reden. Hildegard Siebenmorgen erzählt gern, am liebsten aber zeichnet sie. Bilder auf mit Süßigkeiten gefüllte Papiertüten. Zehn Stück Fruchtgummi und dazu eine liebenswerte Illustration. All das für einen Euro.

Die Idee kam ihr vor einigen Jahren. Nicht einfach nur Süßkram zu verkaufen, sondern dazu ein nettes Bild auf die Tüte zu malen. Früher arbeitete sie als Herrenschneiderin. 2014 fing sie dann mit der Arbeit am Kiosk an, manchmal steht sie hier am Harras, sonst am Scheidplatz oder in Giesing.

Die Motive sind dabei völlig unterschiedlich, Impressionen aus der Stadt, eine Biene Maja, ein Kätzchen, Bären auf einem Schlitten. »Ich mal das, was mir gerade einfällt«, sagt sie. Daneben schreibt sie manchmal noch einen Sinnspruch. So zehn Stück malt sie am Morgen vor der Arbeit, am Vormittag sind die Tüten oft ausverkauft, begehrt sind sie nicht nur bei Kindern auf dem Weg zur Schule, sondern auch bei älteren Herrschaften, sagt sie. Sendlinger Sammelstücke, die kleine Kiosk-Kunst von Frau Siebenmorgen.

TIPP: Nebenan in der Plinganserstraße 6 liegt der Stemmerhof, der schönste Dorfplatz Sendlings. Auf dem alten Bauernhof aus dem 14. Jahrhundert, auf dem bis 1992 noch Milchwirtschaft mit 46 Kühen betrieben wurde. Heute gibt es viele Geschäfte, von Kunst und Schmuck über Bioläden bis hin zu Kinderkleidung und einem sehr guten Restaurant.

Adresse U-Bahnhof Harras Zwischengeschoss, Richtung Ausgang C, 81369 München // **ÖPNV** U 6, Bus 53, 54, 130, 132, 134, 153, X 30, Haltestelle Harras // ab 3 Jahre

44_DIE KLANGSTEINE IN DER ALTSTADT

Geheimnisvolles Glockengeläut in der Gasse

Unscheinbar und versteckt liegt sie da, diese kurze, namenlose Gasse in der Altstadt. Leicht zu verfehlen. Aber kaum zu überhören, dank der fünf unterirdischen Glocken.

Rund um den Bau des neuen jüdischen Gemeindezentrums entstand dieser schmale Durchgang zwischen Jakobsplatz und Oberanger – eine Passage, die einen fröhlichen und heiteren Charakter bekommen sollte. Anders als die eher für Angst und Enge stehende Viscardigasse 800 Meter weiter nördlich, die bei den Münchnern Drückebergergasse heißt, weil in der NS-Zeit all die Menschen dort durchgingen, die den obligatorischen Hitlergruß an der Feldherrnhalle vermeiden wollten.

Also ließ man hier schräg unter der Lichtskulptur des amerikanischen Bildhauers Keith Sonnier nach einer Idee der Ottobrunner Künstlerin Andrea Schmeing-Häusler fünf Glocken in den Boden ein: solide Kirchenglocken einer Passauer Gießerei, Durchmesser 39 bis 58 Zentimeter, Gewicht 40 bis 94 Kilo, jede von ihnen an der Oberfläche markiert mit einem Bronzestein. Die Berührung eines Steins löst einen Impuls aus, der die Glocke darunter zum Bimmeln bringt. In den Tönen fis2, gis2, ais2, cis3 und dis3 dringen die Klänge durch die Schachtgitter neben den Steinen nach oben.

Ein wunderbarer und herrlich kurzweiliger Zeitvertreib für Kinder, untertags zwischen den einzelnen Bronzeplatten umherzuspringen und eigene Melodien zu kreieren. Jede anders, jede neu. Klingt ziemlich schön. Fröhlich und heiter.

Adresse St.-Jakobs-Platz, 80331 München, in Betrieb von 10 bis 17 Uhr // **ÖPNV** S 1 bis S 8, U 3, U 6, Haltestelle Marienplatz, Bus 52, 62, Haltestelle St.-Jakobs-Platz // ab 1 Jahr

TIPP: Großer Spaß für Kinder: das »Froh und Bunter« am Sebastiansplatz 11, eine Kreativwerkstatt mit Keramik zum Selbstbemalen.

45_DAS KLEINE THEATER

Wenn im Pförtnerhaus die Puppen tanzen

Manchmal rettet er Meerjungfrauen oder Prinzessinnen, manchmal jagt er Christbaumdiebe und Plätzchenräuber oder kämpft mit Krokodilen, bösen Hexen und schwarzen Magiern. Ist jedenfalls immer recht aufregend, bei den Abenteuern des Kasperls – im Bürgerpark in Oberföhring.

Seit mehr als drei Jahrzehnten ist das Kleine Theater im Pförtnerhaus, direkt am Eingang zum Bürgerpark, Heimat einer entzückenden Kasperlbühne. Ein kleiner Familienbetrieb, gegründet von Liselotte Bothe, die sich in den 1970er Jahren schon Geschichten ausdachte, damals, um sie ihrem Sohn Patrik zu erzählen und vorzuführen.

Später ging die Pädagogin damit in Kindergärten und Schulen, spielte ihre Märchen mit selbst gestalteten Figuren bei Geburtstagen und anderen Festen – bis sie zusammen mit ihrem Mann Lutz vor 30 Jahren am Eingang zum Bürgerpark, dem früheren Oberföhringer Krankenhaus, eine feste Bleibe für die Aufführungen fand: die Kasperlbühne im Pförtnerhaus.

16 Stücke hat Liselotte Bothe inzwischen geschrieben, das Programm wechselt wöchentlich. Gedacht sind die Vorführungen vor allem für Kinder zwischen drei und neun. Immer spannend und lustig, vor allem aber auch lehrreich und pädagogisch sinnvoll, das Stück »Geh nicht mit fremden Menschen« etwa vermittelt den Kindern genau das, was der Titel besagt. Merke also: Nie mit fremden Menschen gehen. Lieber mit den Eltern ins Kasperltheater.

TIPP: Ein kleiner Abstecher hinunter nach St. Emmeram. Mit großen Wiesen, auf denen Rinder und Schafe grasen, und der Emmeramsmühle, einer wunderbaren Wirtschaft samt schönem Biergarten.

Adresse Oberföhringer Straße 156, 81925 München, www.kasperlbuehne.de, Tel. 089/953125 // ÖPNV Bus 187, 188, 189, Haltestelle Bürgerpark Oberföhring // Öffnungszeiten Die Vorführungen finden sonntags um 11 und 15 Uhr statt, mittwochs um 15 Uhr; Eintritt: für Kinder und Erwachsene einheitlich 7 Euro. Vorbestellung nur telefonisch möglich, ab einer Woche vor der Aufführung. // ab 3 Jahre

46_ DIE KLETTERHALLE THALKIRCHEN

Entert das Piratenschiff, erstürmt die Ritterburg!

Meist senkrechte Wände auf einer vertikalen Gesamtfläche von über 7.800 Quadratmetern. Mehr als 550 Routen, Schwierigkeitsgrade 2+ bis 10+, bis auf 18 Meter über dem Boden. Im wahrsten Wortsinn, hier in Thalkirchen schlagen die Kletterer-Herzen höher.

Dass die Kinderherzen deutlich niedriger schlagen, bezieht sich rein auf die Höhe der Wände, nicht aber auf den Unterhaltungswert. Denn im abgetrennten Kinderbereich geht es zwar gemächlicher und spielerischer, aber auch aufregend zu. Dieser Raum wurde ebenso wie die Erwachsenen-Bereiche 2011 liebevoll neu gestaltet: Die Kinder können das große Piratenschiff entern, die verwinkelte Ritterburg erstürmen und irgendwo in einer der vielen geheimen Nischen beim Fangenspielen ein sicheres Versteck aufsuchen – und wer zwischendrin mal Pause machen mag, kann durch eine Glasscheibe den Großen nebenan in der Kletterhalle zuschauen, wie sie sich nach oben hangeln oder es zumindest versuchen.

Bei schönem Wetter begehrt ist der Freiluft-Spielplatz hinter der Halle – und wer beim Rittern oder Seeräubern so richtig auf den Geschmack gekommen ist, der kann sich noch über einen speziellen Kinderkletterkurs informieren. Um irgendwann dann selbst mal die Wand zu besteigen. Auf der anderen Seite der Glasscheibe.

Adresse Thalkirchner Straße 207, 81371 München, www.kbthalkirchen.de, Tel. 089/189416311 // **ÖPNV** U 3, U 6, Bus 54, X 30, Haltestelle Brudermühlstraße // **Öffnungszeiten** Mo–Fr 7–23 Uhr, Sa, So und Feiertage 8–23 Uhr; Eintritt: Kinder bis 14 Jahre in Begleitung eines erwachsenen Vollzahlers (zum Beispiel nur bouldern, ohne Mitgliedschaft im DAV: 10 Euro) sind frei // ab 3 Jahre

TIPP: Das Bella Vista mit seiner Dachterrasse: Ein Besuch des Bistros lohnt sich auch ohne Kletterei. Sagenhaft gut vor allem die belegten Panini, Sandwiches und die knusprigen Pizzen.

47_DIE LANDEBAHN IN RIEM

Ein Stück Beton: Erinnerung an den alten Flughafen

Viel ist nicht mehr übrig vom alten Flughafen in Riem, wo mehr als ein halbes Jahrhundert lang bis 1992 Flugzeuge starteten und landeten. Möchte man seinen Kindern den Ort zeigen, von dem aus man selbst hinaus in die weite Welt abhob, dann gibt es noch den denkmalgeschützten Tower, heute Sitz einer Firma für Medizintechnik. Gegenüber die Wappenhalle, das alte Terminalgebäude. Und südwestlich am Rand des Riemer Buga-Parks die zugewachsene Tribüne aus Zeiten, als noch bis zu 60.000 Zuschauer zu den spektakulären Motorradrennen kamen.

Und es gibt noch einen schwer zu findenden Ort, ganz im Osten, hinter dem De-Gasperi-Bogen, der eine ganz spezielle Aura von damals verbreitet. Ein viereckiges Stück Beton, 50 Meter lang und 45 Meter breit. Und erstaunlich dick, mit einer Höhe von einem knappen halben Meter. Aber sie musste ja auch einiges aushalten, diese Piste, der allerletzte Rest der alten Start- und Landebahn, von der die tonnenschweren Jets abhoben oder auf der sie mit riesigen Reifen von mehr als einem Meter Durchmesser qualmend aufsetzten.

Die Reifen, die man heute hier sieht, sind kleiner. Es sind die von Fahrrädern, wenn Radler vorbeikommen, manchmal boarden auch Skater herum. Nein, das ist keine bunte Fun-Location. Es ist einfach nur ein karges graues Rechteck. Und doch ein Stück Münchner Luftfahrt-Romantik.

TIPP: Schon mal unterwegs im Osten Münchens: Dann weiter nach Kirchheim zur Maxx-Arena, einer großen, modernen Trampolin-Halle.

Adresse nahe dem De-Gasperi-Bogen, 81829 München // ÖPNV U 2, Haltestelle Messestadt Ost, Bus 186, 234, Haltestelle Sigmund-Riefler-Bogen // ab 6 Jahre

48_DIE LÄNGSTE ROLLTREPPE

Am U-Bahnhof Karlsplatz (Stachus): 48 Meter schräg nach oben

Zu dritt liegen sie nebeneinander. Die Rekordhalter, die drei Beförderungsmittel am Bahnhof Karlsplatz (Stachus) mit den offiziellen Kürzeln KA 01, KA 02 und KA 03. Mit einer Länge von fast 48 Metern die längsten Rolltreppen der Münchner U-Bahn. Eine recht schräge Bestmarke.

100 Stationen zählt das U-Bahn-Netz, die Haltestelle am Stachus gilt als Besonderheit. U-Bahnen fuhren hier erst ab 1984, weshalb die Strecke damals weit unter der Trasse der längst bestehenden S-Bahn gebaut werden musste. So ist der Bahnhof mit 25 Metern unter der Oberfläche der am tiefsten gelegene der Stadt.

Die drei Rolltreppen, die den Bahnsteig mit dem Zwischengeschoss Richtung Lenbachplatz verbinden, sind mit ihren 247 Stufen knapp 48 – und nicht wie in vielen Online-Artikeln falsch angegeben 57 – Meter lang und damit die längsten aller 770 Rolltreppen im Münchner U-Bahn-Bereich. Ihr Neigungswinkel: 27,3 Grad. Etwas steiler geht es an der bereits 1971 eröffneten Station Marienplatz zu, hier sind es bei den Rolltreppen von U3 und U6 bis zur Zwischenetage 35 Grad. Heute baut man solche extremen Winkel in Bahnhöfen nicht mehr. Wegen Stolper- und Sturzrisiko.

Das Tempo auf den Münchner Rolltreppen liegt übrigens einheitlich bei einem halben Meter pro Sekunde. Eine Fahrt auf einer von Münchens Rekord-Rolltreppen dauert handgestoppt folgerichtig 1:36 Minuten. 96 Sekunden für 48 Meter. Rauf wie runter. Von KA 01 bis KA 03.

Adresse U-Bahn-Haltestelle Karlsplatz (Stachus), 80335 München // ÖPNV U4, U5, dann Richtung Ausgang Lenbachplatz // ab 3 Jahre

TIPP: Die zwei kürzesten Rolltreppen im U-Bahn-Bereich befinden sich übrigens auch am Stachus. Es sind die beiden Fahrtreppen mit den Nummern 39 und 40, die von der Einkaufspassage zum Zwischengeschoss vor dem Ausgang zum Justizpalast führen. Ihre Länge: nur etwas mehr als fünf Meter.

49_IM MÄRCHENWALD

Bei der bösen Hexe und einem rasanten Eichkätzchen

Mag man auch oft hier gewesen sein, schaurigen Grusel versprüht die böse Hexe jedes Mal wieder, mit ihren stechend grünen Augen vor dem Lebkuchenhaus. Auf dem Parkplan ist die Szene aus Hänsel und Gretel als Nummer 56 verzeichnet, und wer nach dem Schreck adrenalinhaltige Ablenkung sucht, der besteigt am besten gleich Nummer 57, die Oachkatzlbahn, das rasanteste Fahrgeschäft inmitten des Märchenwalds in Wolfratshausen.

2018 feierte der Wald seinen Fünfzigsten, ein rundes Jubiläum, das der Gründervater nicht mehr erleben durfte: Siegfried Diessl, der 2017 mit 78 Jahren starb. 1968 eröffnete der Konditor und passionierte Tüftler im Ortsteil Farchet einen der heute ältesten und nun von seinen Kindern weitergeführten Märchenparks Bayerns. Einiges von damals ist noch zu sehen, die Drachenschaukel etwa hatte Diessl damals selbst gebaut. Immer mehr Attraktionen kamen hinzu: die Schaukästen mit den Märchen, das Spielhaus-Labyrinth oder die Wildsau-Reiterei. Und natürlich der Bauer Huber, der in seinem Stall zur Melodie von »Old MacDonald Had a Farm« verkündet, dass er einen Hof habe, Hühner, Geißlein, Kühe und Schafe. Und das auf Bairisch. Ein Ohrwurm, der meist tagelang nachhallt im Hirn. I-ei, I-ei, ho.

Ruhe findet man auf schattigen Pfaden am Märchenwaldrand. Richtung Ausgang empfiehlt sich der Weg über die Westseite. Da muss man nicht mehr an der Hexe vorbei.

Adresse Kräuterstraße 39, 82515 Wolfratshausen, www.maerchenwald-isartal.de, Tel. 08171/3855838 // ÖPNV S 7, Haltestelle Wolfratshausen, von dort 20 Minuten zu Fuß // Öffnungszeiten Ostern–Nov. täglich 9–18 Uhr; Eintritt: Erwachsene 14 Euro, Kinder ab 85 Zentimeter 12,50 Euro, Kinder bis 85 Zentimeter frei // ab 2 Jahre

TIPP: Trotz des großen gastronomischen Angebots an Leckereien und Schlemmereien noch etwas Platz für danach lassen: für feinstes Eis aus der Eisdiele Roma, Ecke Schießstättstraße und Moosbauerweg.

50_DIE MARIENKLAUSE

Kapelle mit römischen Zahlen und alter Geschichte

Ein beliebtes Spiel im Angesicht älterer Bauwerke ist das Austüfteln des in römischen Zahlen vermerkten Baujahrs. Da kann man als Elternteil mit all dem einst schulisch Erlernten besserwisserisch prahlen. Stand doch im Lehrbuch. Na, das M, ein Leichtes, 1.000. Und das D für 500, pah, Kinderspiel. Und das C, ähm, ja, 100. Oder war das 50? Und was, wenn jetzt das X nach dem L steht oder davor? Hä?

Die Marienklause hinter dem Tierpark ist so ein Ort mit Zahlenrätsel, die kleine Kapelle hat aber noch viel mehr als römische Zahlen zu bieten, sie hat nämlich auch eine besondere Anziehungskraft, völlig egal, ob gläubig, katholisch, sonst was oder gar nichts. Die Marienklause war zu eigenen Kindertagen bei Familienausflügen ein beruhigender Fixpunkt im Münchner Süden, nur wenn einem mal wieder ihre Geschichte erzählt wurde, dann hörte man nicht mehr hin, weil man in Gedanken schon auf dem Spielplatz und den Pommes im Biergarten der Menterschwaige war.

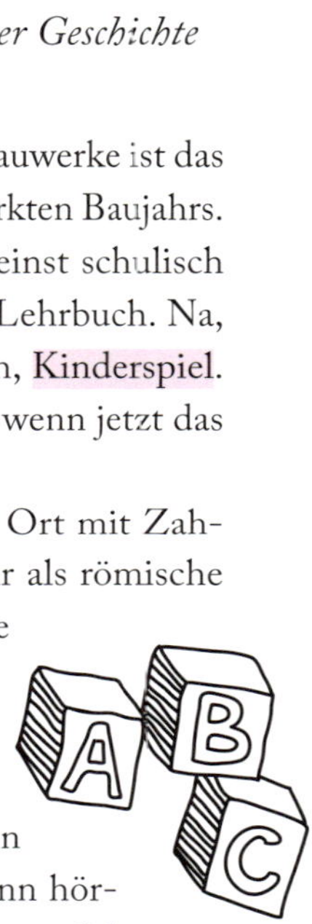

Die Historie jedenfalls ging so, dass einst Martin Achleitner, der Schleusenwärter vom Auer Mühlbach, die Kapelle errichtete, aus lauter Dankbarkeit dafür, die zahlreichen Hochwasserfluten wie auch die Felsstürze vom Isarhochufer immer unbeschadet überstanden zu haben. Und das Jahr, in dem der Herr Achleitner die Klause hinstellte? Natürlich 1866. Das Besondere: Außer dem dreifachen C kommt jede römische Zahl genau einmal vor. Und das auch noch genau in absteigender Reihenfolge. Ist ja einfach. Wie aus dem Lehrbuch.

TIPP: Schöne Kiesbänke und ruhige Badeplätze auf der westlichen Isarseite jenseits des Marienklausenstegs. Auch an Wochenenden viel entspannter als wenig weiter nördlich am Flaucher.

Adresse Schlichtweg 15, 81543 München // ÖPNV Tram 15, 25, Haltestelle Theodolindenplatz (Isarhochufer), Bus 135, Haltestelle Campingplatz Thalkirchen // ab 6 Jahre

51_DER MATTHOF

Bei den Indianern hinter Ismaning

Häuptling, das Ende naht. Hörst du die Glocken von Santa Fe? Und sieh, am fernen Horizont, eine Staubwolke, roter Wüstensand. Bleichgesichter auf Pferden. Kommen sie in guter Absicht? Bringen sie uns Feuerwasser, rauchen wir die Friedenspfeife? Oder binden wir sie an den Marterpfahl, gehen wir ihnen an den Skalp, weil sie bald unser Land mit dem eisernen Dampfross durchziehen wollen? Doch da, es naht Hilfe. Old Shatterhand mit seinem Henrystutzen und dahinter Winnetou mit Uschi Glas. Manitu sei Dank.

Oder so ähnlich. Auf dem Matthof jedenfalls kann man spielerisch wunderbar abtauchen in die Welt von Cowboys und Indianern, manchmal geht's im Norden Münchens zu wie im Wilden Westen. Am Tipi hinter Ismaning.

Der Hof von Birgit Matt ist eine große Reitschule. 140 Pferde leben hier, die meisten davon aus eigener Zucht, einige schon in der vierten Familiengeneration. Für Kinder ab fünf gibt es Zwergerl-Schnupperstunden auf Shetlandponys, für Sechs- bis 14-Jährige auch Ferien-Intensivreitkurse.

Bis München bekannt sind die Kinder-Geburtstagsfeiern. Für alle, die sich auf Pferden weniger wohlfühlen, empfiehlt sich eine Kutschfahrt, 45 Minuten durch die schier endlose Ebene des Ismaninger Mooses, so weit wie die Wüste im Tal des Todes. Zubuchbar sind Tipi, Lagerfeuer, Stockbrot und Grill. Und wer möchte, kann sich gegen Aufpreis auch mit der Kutsche am Bahnhof Ismaning abholen lassen. An der S-Bahn. Geht mit etwas Phantasie auch als Dampfross durch.

TIPP: Mit dem Auto zehn Fahrminuten weiter liegt die Finsinger Alm, samt Biergarten und Hüttencharme, guter bayerischer Küche und einem Spielplatz für die Kinder.

Adresse Senderstraße 11, 85737 Ismaning, www.matthof.de, Tel. 089/962288980 // **ÖPNV** S 8, Haltestelle Ismaning, dann Bus 531, Haltestelle Freieneck, von dort allerdings noch mehr als 2 Kilometer Fußmarsch // ab 5 Jahre

52_ MINIGOLFEN IM SCHWARZLICHT

18 Bahnen und 1.001 Nacht

Früher in der Disco war das immer ein Hingucker. Wenn auf der dunklen Tanzfläche inmitten des umpf-umpf hämmernden Bassgewummers plötzlich das Schwarzlicht anging und die weißen Textilien zu fluoreszieren begannen. Ui, schau mal, dein T-Shirt. Au ja, und deine Zähne. Echt voll lustig, ja, haha. Umpf, umpf.

Discotheken heißen inzwischen Clubs, und Schwarzlicht gibt es laut Auskunft der dort verkehrenden Jugend immer noch. Es gibt aber auch noch andere Orte mit Schwarzlicht-Effekten, zum Beispiel Indoor-Minigolf im Münchner Norden.

Gleich neben der Stadtgrenze eröffnete 2009 eine gewaltige Halle mit jeder Menge Freizeitspaß. Mit 52 Bahnen erklärte sich das Dream Bowl Palace zum größten Bowlingcenter Europas, dazu warten zwölf Pooltische auf alle Billardfreunde – und im ersten Stock gibt es eben das Moonlight Minigolf. 18 im Schwarzlicht neongrün schimmernde Bahnen, an den bunt illustrierten Wänden umgeben von orientalischer Märchenromantik. Kamele, Sindbad, Ali Baba. Sind die Bahnen auch kleiner als die Standardanlagen im Freien, egal, das Unterföhringer Indoor-Minigolf ist garantiert wetterfest.

Bei Badewetter im Sommer herrscht im Palace eher wenig Andrang. Dafür ist das Moonlight-Minigolf in der kalten Jahreszeit ein schöner Spaß, quasi als Schwarzlichtblick im grauen Winter.

Adresse Apianstraße 9, 85774 Unterföhring, www.dreambowl.de, Tel. 089/452442525 // **ÖPNV** U 6, Haltestelle Studentenstadt, dann Bus 233, Haltestelle Apianstraße // **Öffnungszeiten** Mo–Mi 15–23 Uhr, Do 15–24 Uhr, Fr 14–2 Uhr, Sa 10–3 Uhr, So 10–23 Uhr; Eintritt: Erwachsene 4,50 Euro (Fr–So 5,50 Euro), Kinder 3,50 Euro (Fr–So 4,50 Euro) // ab 6 Jahre

TIPP: Eine schöne Münchner Stadtviertel-Gaststätte mit Wirtsgarten findet sich in der Nähe, nur zwei Gehminuten vom Bahnhof Johanneskirchen entfernt: die Dicke Sophie.

53_ AM MOLLSEE

Bei den Modellschiffen im Westpark

Mühsam tuckert die »Bremen«, dieser schwerfällige Dampfschlepper, durchs Hafenbecken. Ganz anders die windschnittige »Princess«, mit Highspeed draußen über die Wellen cruisend. Stolz dagegen hart backbord die »Galeone« mit ihren vier Masten und den roten Segeln, die so wirkt, als habe sie der Wind schon über alle Weltmeere getragen und als sei sie froh, hier nun vor Anker zu liegen. Fehlt noch wer? Vielleicht die »Black Pearl« und die »Titanic«. Bei der kunterbunten Schiffsregatta am Mollsee.

Das Gewässer liegt im Osten des Westparks und fällt schon deswegen wohltuend auf, weil nicht wie sonst Verbotsschilder Aktivitäten untersagen, sondern – man staune – ein Erlaubnisschild darauf hinweist, dass das Modellbootfahren ausdrücklich gestattet ist. Seit Jahren treffen sich hier Mitglieder von Modellbauvereinen, die ihre selbst gebaute Flotte übers Wasser steuern, aber auch Kinder, die ihr zum Geburtstag geschenktes Boot mit den Eltern endlich das erste Mal ausprobieren dürfen.

Im Anschluss an die Kreuzfahrt empfiehlt sich an Land ein Besuch des »Café Gans am Wasser« mit seinem markanten Bauwagen und dem Uferbereich, in dem die Gäste auf Bierbänken im Kies sitzen, in Liegestühlen oder auf Paletten. Neben den sagenhaften Pommes aus Kartoffeln vom Biobauern gibt es dort immer wieder Kinderprogramme wie Bastelnachmittage und Kasperltheater.

Drüben ziehen derweil die Modellschiffe weiter ihre Bahnen durchs Wasser. Weg vom Ufer. Etwas entrückt. Wie ferngesteuert.

Adresse Am Westpark, 81373 München // ÖPNV Bus 62, 130, 134, Haltestelle Baumgartnerstraße // ab 6 Jahre

TIPP: Zum Basketball in den »Audi Dome«. Hier, in der altehrwürdigen Rudi-Sedlmayer-Halle, tragen die Korbjäger des FC Bayern ihre stimmungsvollen Heimspiele aus. 1972 war die Halle Schauplatz des denkwürdigen olympischen Basketball-Endspiels zwischen der Sowjetunion und den USA (51:50).

54_IM MÜHLENPARK GARCHING

Wo das Wasser seit Jahrhunderten am Rad dreht

Man kann es gefühlte Ewigkeiten betrachten. Wirkt ja auch irgendwie beruhigend, das Wasserrad, das sich, vom gemächlich dahinmurmelnden Mühlbach angeschubst, ganz unaufgeregt und bedächtig dreht und dreht und dreht. Und das seit Jahrhunderten. Hier im Garchinger Mühlenpark.

Rund 750 Jahre lang, seit dem frühen 13. Jahrhundert, stand an dieser Stelle eine richtige Mühle für die Bauern der Umgebung, die immer herkamen, um ihr Korn mahlen zu lassen. Zugleich war die Anlage ein Sägewerk und diente als Pumpe für die Wasserversorgung Garchings. Bis 1970 war die Mühle in Betrieb, kurz danach wurde das ganze alte, morsche Gebäude abgerissen. Dafür entstand hier ein wunderbarer Park, nicht nur mit einem der schönsten, ruhigsten und günstigsten Biergärten des Münchner Umlands, bodenständig, urig und garantiert ohne Schickimicki-Alarm, dafür mit reichlich schattenspendenden Kastanien – sondern auch mit wunderbaren Stellen für Kinder zum Spielen am Ufer des kleinen Bachlaufs, der Fortsetzung des Schwabinger Bachs aus dem Englischen Garten, der später weiter nördlich wieder in die Isar mündet.

Gleich daneben lädt auch ein schöner Spielplatz zum Tollen und Toben ein, dazu ein kleines Fußballfeld zum Herumbolzen. Kurzum genau das Richtige für einen gemütlichen Nachmittagsausflug. Essen, trinken, spielen – und dem Mühlrad zuschauen.

Adresse Mühlgasse 48, 85748 Garching bei München, www.biergarten-muehlenpark.de // **ÖPNV** U 6, Haltestelle Garching, von dort circa 10 Minuten Fußweg // **Öffnungszeiten** Biergarten: April–Sept. 10–22.30 Uhr, nur bei schönem Wetter // ab 0 Jahre

TIPP: Wer in der Nähe gern baden gehen möchte: Ab zum Garchinger See und seinem Naherholungsgebiet jenseits der A 9.

55_DER MÜNCHNER WALD

Kletterspaß zwischen Kampenwand und Kilimandscharo

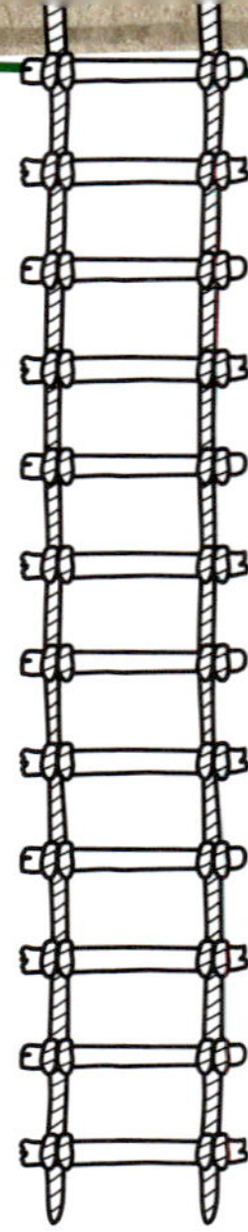

Zur Einstimmung vielleicht etwas gemächlicher. Wie wär's mit der Kampenwand? Ein Leichtes. Von Baum zu Baum und über eine kleine Himmelsbrücke. Oder der Watzmann, mit dem Schlangenweg zum Balancieren, auch nicht wild. Oder doch gleich rauf auf die Zugspitze, schon prickelnder.

Neun berühmte Berge standen Pate bei der Namensgebung der Parcours, und auch wenn es natürlich nicht ganz so weit hinaufgeht wie bei den steinernen Vorbildern: In aufregend luftiger Höhe mit Blick nach unten geht es nur Schritt für Schritt und Griff für Griff voran, im Münchner Wald, dem Kletterwald in Vaterstetten.

13 Routen in den unterschiedlichsten Schwierigkeitsgraden. Kinder ab drei können sich auf den leichten Strecken versuchen, dem Indianerweg etwa oder dem Schmugglerpfad. Ab sechs Jahren geht es dann in Begleitung Erwachsener auf die ersten Bergetappen, ab acht Jahren allein, der Kilimandscharo ist ab zehn. Auch unterhaltsam ist die Kletterei aufs Matterhorn, ein Partner-Parcours, den man nur zu zweit bewältigt.

Perfekt abgerundet wird der Tag, wenn man nach den drei Stunden Kletterzeit mit einem leichten Knieschwammerl auf eine Einkehr an die Tische vor der Hütte wackelt. Von hier hat man auch einen guten, entspannten Blick. Auf die armen verlorenen Seelen oben am Mount Everest.

TIPP: Danach zum Minigolfen in Vaterstetten bei Edis Spielewelt, Ecke Johann-Sebastian-Bach- und Baldhamer Straße. 18 lange und gepflegte Bahnen. Das ideale Anschlussprogramm nach dem Klettern.

Adresse Ottendichler Straße 1, 85591 Vaterstetten, www.muenchner-wald.de, Tel. 08106/9991190 // ÖPNV S 4, S 6, Haltestelle Vaterstetten, von dort 2 Kilometer zu Fuß // Öffnungszeiten zwischen 9 und 21 Uhr; Eintritt: Erwachsene 23 Euro, Jugendliche (13 – 17 Jahre) 20 Euro, Kinder (6 – 12 Jahre) 18 Euro; Kinderparcours ab 3 Jahre 11 Euro, am Wochenende jeweils 2 Euro mehr // ab 3 Jahre

56_IM MURMELWALD

Klamotten und Kuscheltiere, Kaffee und Kuchen

Die Schleißheimer Straße ist eine der längsten Münchens, sie bringt es auf 8,14 Kilometer, erstreckt sich über fünf Stadtteile und endet weit im Norden, im Hasenbergl, wo sich die Hausnummern schon im 500er-Bereich bewegen.

Noch im unteren Zweisteller-Bereich liegt da ziemlich am Anfang mit der Nummer 34 ein entzückendes Kindergeschäft, der »Murmelwald«. Kleidung, Spielzeug, Kuscheltiere und dazu ein winzig kleines, charmantes Café. Der Laden hat was.

Viele Jahre hatte Inhaberin Dorothea Hall als Tierärztin in der Schweiz gelebt, nach der Geburt der zweiten Tochter und der Rückkehr nach München reifte in der Elternzeit der Entschluss zur Selbstständigkeit. Im Oktober 2014 eröffnete sie dann ihr Geschäft, dessen Name schnell feststand. Murmel war der Spitzname der großen Tochter für die kleine Schwester, als sie noch im Bauch der schwangeren Mama war.

Der »Murmelwald«, ein buntes Sammelsurium von speziellen Spielsachen und besonderer Bekleidung. Vor allem auch genau das Richtige auf der Suche nach einem Mitbringsel für den nächsten Kindergeburtstag. Der Laden eignet sich auch zum kurzen Durchschnaufen beim Einkauf, bei einem frischen Cappuccino oder einem Stück Kuchen an einem der wenigen Tische im hinteren Bereich, während die Kinder in einer Spielecke mit einer großen Kugelbahn ihren Spaß haben. Das ist dann die Murmelwand.

Adresse Schleißheimer Straße 34, 80333 München, www.murmelwald.de, Tel. 089/55275060 // ÖPNV U 1, Haltestelle Stiglmaierplatz, Tram 20, 21, 22, Haltestelle Sandstraße // Öffnungszeiten Mo 9–19 Uhr, Di–Fr 9–17.30 Uhr, Sa 10–16 Uhr // ab 0 Jahre

TIPP: Im Maßmannpark etwas weiter nördlich gibt es einen Spielplatz, einen Skatepark, schöne Wiesen zum Picknicken und im Winter bei Schnee einen sehr beliebten Schlittenhügel.

57_DAS MUSEUM MENSCH UND NATUR

Zu Gast bei Bruno, dem Problembär

Zugegeben, ganz leicht hat's Bruno immer noch nicht. Die Bienen rund um Pfote und Schnauze, lästige Plagegeister, aber wer unbedingt zum süßen Honig möchte, der nimmt das schon in Kauf. Und im Vergleich zu dem, was Bruno am Ende seines richtigen Lebens widerfahren war, ist dies schon zu ertragen. Mit Bienenstichen kann man umgehen. Mit der bayerischen Staatsregierung nicht. Seit 2008 ist das ausgestopfte Präparat von Bruno, auch bekannt als JJ1, eine der Hauptattraktionen im »Museum Mensch und Natur«.

Es war im Frühsommer 2006, als Bruno aus dem Trentino via Österreich nach Bayern kam und Edmund Stoiber den Begriff des »Problembären« prägte – denn tatsächlich hatten seine nächtlichen Streifzüge durch Ställe, wo er Ziegen riss, Schafe und Hühner, bei Anwohnern für Angst gesorgt.

Das Ende ist bekannt. Am 26. Juni starb Bruno nahe dem Spitzingsee durch die Gewehrkugel eines Jägers. Freilich hat das Museum mehr zu bieten. Vom Diorama zur Entstehung der Erde über die Entwicklung des Lebens bis zum Herzstück, der spielerischen Naturkunde mit den vielen Vitrinen und bunten Knöpfen. Detail am Rande: Die Audiotexte bei den Schaukästen wurden von Pumuckl-Erfinderin Ellis Kaut eingesprochen. Und zwei Räume weiter kämpft Bruno unbeirrt mit den Bienen. Hier hat er jetzt seinen Frieden und viele Sympathien. Alles kein Problem, Bär.

TIPP: Mit einem Kombiticket für sechs Euro (Erwachsene) kommt man sowohl hier ins Museum als auch in den sehenswerten Botanischen Garten an der Menzinger Straße.

Adresse Schloss Nymphenburg, 80638 München, www.mmn-muenchen.de, Tel. 089/1795890 // **ÖPNV** Tram 17, Bus 51, 151, Haltestelle Schloss Nymphenburg // **Öffnungszeiten** Di, Mi, Fr 9–17 Uhr, Do 9–20 Uhr, Sa, So und Feiertage 10–18 Uhr; Eintritt: Erwachsene 3,50 Euro, Kinder & Jugendliche bis 18 Jahre frei // ab 3 Jahre

58_AM NADISEE

Im Olympiadorf: Badesee? Ziergewässer? Planschbecken?

Plätze zum Schwimmen gibt es in München im Sommer reichlich, acht städtische Freibäder, dazu die zahlreichen Badeseen. Jedes Viertel hat da seinen eigenen Favoriten, Schwabing das Ungererbad, Giesing das Schyren, Feldmoching den gleichnamigen See, die Lerchenau genauso. Im Olympiadorf aber gibt es ein ganz besonderes Gewässer, den Nadisee, der gern auch als Münchens kleinster Badesee bezeichnet wird. Wässerchen marsch.

Der Nadisee ist gerade mal 50 Meter lang und 80 Meter breit. Eine Betonwanne, erbaut zu den Spielen 1972. Versteckt zwischen den Hochhäusern und der Zentralen Hochsportanlage, ist der See seit Jahrzehnten im Olympiadorf der Freizeittreffpunkt schlechthin, viele Kinder wagten hier ihre ersten Schwimmversuche oder pritschelten einfach nur herum. Eine Zeitung nannte den Nadisee »Münchens größtes Planschbecken«, auch wenn das trübe Wasser oft wenig einladend wirkt und der See nicht als badetauglich eingestuft wird, sondern mehr als Ziergewässer. Am Ufer steigen zahlreiche Feiern, mit Biergarten, Festzelt und Kulturprogramm, weshalb sich der Nadisee längst zum gefühlten Mittelpunkt des Olympiadorfs gemausert hat. Sollten die Kinder fragen, woher der seltsame Name kommt: Nedo Nadi war ein italienischer Fechter, der 1920 fünf olympische Goldmedaillen gewann. Damit war er mehr als 50 Jahre einer der Rekordhalter mit den meisten Siegen bei einer einzigen Olympia-Veranstaltung. Bis der US-Beau Mark Spitz 1972 drüben in der Olympia-Schwimmhalle gleich sieben Mal Gold holte. Damit war Nadis Rekord baden gegangen.

Adresse zwischen Conolly- und Nadistraße, 80809 München // ÖPNV U3, Bus 173, 180, Haltestelle Olympiazentrum // ab 0 Jahre

TIPP: Als Olympiapark und Olympiadorf angelegt wurden, benannte man die Wege nach früheren Olympiasiegern aus aller Welt. Roopsingh-Bais-Weg, Spiridon-Louis-Ring, der Kusocinskidamm und viele mehr. Ein lohnenswerter Spaziergang auf den Spuren alter Olympioniken. Da Hinweistafeln fehlen: Für Vita und Erfolge das Smartphone befragen.

59_DER OBERE HOFANGER

Archäologischer Ausflug ins Perlach der Römerzeit

Dass es sich hier gut leben lässt, wissen wir, die nahen Seen und Berge, der hohe Freizeitwert – nicht ohne Grund verzeichnet der Münchner Raum große Zuzugsraten. Nicht so bekannt ist, dass man sich in der Gegend schon vor zwei Jahrtausenden gern ansiedelte, als es die alten Römer nicht nur bis Britannien und Afrika schafften, sondern sogar bis nach Perlach.

Möchten die Kinder einmal auf archäologischen Pfaden unterwegs sein, sollte man unbedingt den Oberen Hofanger ansteuern. In den 1990er Jahren entdeckte man hier Reste eines Landguts samt Wassermühle aus der römischen Kaiserzeit. Auch später, noch lange vor der ersten urkundlichen Erwähnung Perlachs 790, lebten und starben hier Menschen, wie der Fund von Grabstätten belegt.

Seit 2016 informieren Schautafeln über die Ausmaße des Hofs wie über die Grabbeigaben der Verstorbenen, die alle mit dem Kopf nach Westen beigesetzt wurden – um mit dem Gesicht in Richtung Licht bei Sonnenaufgang zu schauen, wo am Jüngsten Tag das Erscheinen von Jesus Christus erwartet wird. Heißt es.

Der Ort bietet eine kurzweilige Zeitreise bis in die Antike, außerdem einen guten Ausgangspunkt für einen Spaziergang in den Ostpark mit seinen Attraktionen vom Michaelibad bis zum Eisstadion. Eröffnet wurde der Park 1973, nach Entwürfen eines Landschaftsarchitekten namens Ludwig Roemer. War aber nicht verwandt und nicht verschwägert mit den alten Siedlern vom Hofanger.

Adresse Hofanger-/Ecke Schmidbauerstraße, 81735 München // **ÖPNV** Bus 55, Haltestelle Weddigenstraße, Bus 155, Haltestelle Emdenstraße // ab 7 Jahre

TIPP: An Sonntagnachmittagen gibt es im Ostpark für Kinder immer kostenlose Spiel- und Bewegungsangebote, die sogenannten »Spielnachmittage« der Stadt München. Den Flyer mit allen Terminen und Orten in den anderen Münchner Parks gibt es unter www.muenchen.de/freizeit/spielen.html.

60_DAS ÖBZ IN ENGLSCHALKING

Grünes Naturerlebnis statt grauer Schnellstraße

Nicht auszudenken, wäre die Idee der Tangente 5-Ost durchgesetzt worden. Eine Schnellstraße, die den Föhringer Ring mit der Ständlerstraße verbinden sollte. Zum Glück kam es nie so weit, statt der in den 1960er Jahren geplanten Asphaltwüste blieb dem Münchner Osten ein Naturparadies erhalten. Ein Grünstreifen, auf dem heute das Ökologische Bildungszentrum beheimatet ist.

Das ÖBZ, zwischen der Englschalkinger und der Denninger Straße, das von der Volkshochschule und dem Münchner Umweltzentrum gemeinsam betrieben wird, versteht sich als Umweltstation. Mit dem Auftrag, Kindern und Jugendlichen einen Zugang zur Natur zu vermitteln, damit sie eine emotionale Verbindung zur Umwelt entwickeln. Getreu dem Slogan des Zentrums: mit Kopf, Herz und Hand.

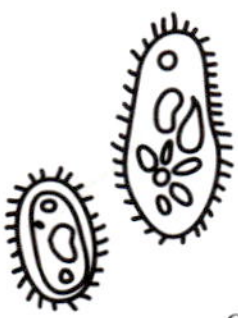

Fürs Eintauchen in die Natur ist hier reichlich Platz, die Außenflächen mit 6,5 Hektar umfassen Streuobstwiesen, Krötenbiotope, Blumengärten. Neben pädagogischen Programmen für Schulen (jährlich besuchen etwa 260 Klassen das Gelände) gibt es die unterschiedlichsten Angebote: von Schnitzeljagden durchs Grüne bis hin zur Suche nach problematischem Mikroplastik. Spielerisch wird Sensibilität für die Umwelt entwickelt.

Einladend auch der Spielplatz nebenan mit dem bunten Lindwurm, der Bolzwiese, Wasserpumpen und Balancierbaumstämmen. Und einem Sinnespfad mit Holz, Lehm, Gras. Neben Kopf, Herz und Hand also auch etwas für die Füße.

Adresse Englschalkinger Straße 166, 81927 München, www.oebz.de, Tel. 089/93948960 // ÖPNV Tram 16, Bus 154, 183, 184, Haltestelle Cosimabad // Öffnungszeiten ÖBZ-Haus: Mo–Do 9–15 Uhr, Fr 9–13 Uhr, Sa und So geschlossen // ab 0 Jahre

TIPP: Badesachen nicht vergessen! Und dann ins Cosimawellenbad, die klassische Schwimmstätte der Bogenhauser und Englschalkinger. Ein Hingucker sind die großen hellen Fensterfassaden und bunten Oberlichter in wechselnden Farben.

61_DIE OST-WEST-FRIEDENSKIRCHE

Aus Schutt und Schokopapier: bei Väterchen Timofej

Wie alt Väterchen Timofei Wassiljewitsch Prochorow wurde, dieses Geheimnis nahm er mit ins Grab. Als er 2004 starb, sei er 110 gewesen, hieß es, gefühlt ging er aber auf die 150 zu, weil er bereits die Jahrzehnte davor auf rund 130 taxiert wurde. So oder so schrieb er Münchner Geschichte, Väterchen Timofej, der der Stadt eine ihrer heute skurrilsten Sehenswürdigkeiten hinterließ: die Ost-West-Friedenskirche.

1952 ließ sich Sowjet-Emigrant Timofej mit Frau Natascha neben dem Oberwiesenfeld nieder. Aus den Kriegstrümmern, aus denen auch der Schuttberg entstand, bauten sie sich Hütte und Kapelle, die Decke versilberten sie mit Schokoladenpapier. Weltberühmt wurde Timofej vor den Sommerspielen 1972, als Hütte und Kirche abgerissen werden sollten, für den Bau der olympischen Reitanlage.

Unterstützt von Bürgerprotesten durfte er bleiben, die Reiter mussten raus nach Riem. Bei den Spielen war er eine Attraktion, Olympia-Besucher kauften dem alten Mann in Scharen für zehn Mark einen Strauß selbst gepflückter Blumen aus seinem Garten ab. Mögen böse Zungen bis heute behaupten, Timofej und seine Natascha hätten die Blumen jeden Morgen zentnerweise mit ihrer Limousine aus dem Großmarkt für billig Geld heimgekarrt: Timofej blieb bis zum Tod, und darüber hinaus, ein Münchner Unikum.

Bis heute ist die Ost-West-Friedenskirche eine konfessionslose, ideologiefreie Insel mit grünem Garten und Museum – und mit Schokoladenpapier.

Adresse Spiridon-Louis-Ring 100, 80809 München, www.ost-west-friedenskirche.de // ÖPNV Bus 144, Haltestelle Olympiaberg // Öffnungszeiten täglich circa 11–17 Uhr // ab 4 Jahre

TIPP: Die Ost-West-Friedenskirche liegt direkt neben dem Gelände des Tollwood, seit mehr als 30 Jahren jedes Jahr im Juni und Juli für drei Wochen Münchens buntestes Alternativfestival mit Musik und Theater, Kunst und Kulinarik.

62_ DIE PARK-EISENBAHN

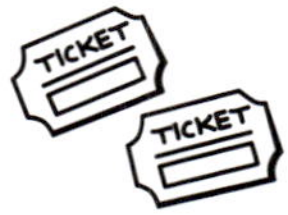

Entspannte Zugfahrt durchs Olympia-Gelände

Tuff, tuff, tuff, die Eisenbahn, wer will durch den Olympiapark fahren? Dann nichts wie rein in den Zug, alles einsteigen. Bereit zur Abfahrt am Hauptbahnhof Olympiaturm.

Und schon geht die Reise los, wie auf Schienen gleitet die Eisenbahn auf ihren breiten Reifen auf der ersten Etappe hinüber über den Mittleren Ring zur nächsten Haltestelle an der BMW-Welt. Und zurück in den Park, vorbei am Eissportzentrum, weiter entlang am Südufer des Sees, mit malerischer Aussicht auf den Schuttberg und die phänomenale Architektur des Parks mit seinem grandiosen Zeltdach. Hinüber zum Olympiastadion und zur Wendeschleife hinter der Haupttribüne, dann zurück über Coubertinplatz, Olympiahalle und Schwimmhalle zum Ausgangspunkt. Olympiaturm, bitte alles aussteigen, dieser Zug endet hier. Sänkju for träflin wiss Parkeisenbahn.

Für alle Kinder auf Visite im Olympiapark ist die Fahrt mit der Parkeisenbahn ein absolutes Muss, und für ihre Eltern sowieso. Unterhaltsame, entspannte und informative 25 Minuten, in denen man via Ansage vom Band auf Deutsch und Englisch alles erfährt zur Entstehung des Parks, den Sommerspielen von 1972 und zur weiteren Geschichte. Und wenn man sich nach dem vielen Spazierengehen entlang der Sehenswürdigkeiten und nach einer Runde mit der Bahn noch eine zweite Erholungsfahrt gönnen möchte, dann schnell noch mal rein in den Zug. Aber rasch. Gleich ist wieder Abfahrt. Höchste Parkeisenbahn.

Adresse Spiridon-Louis-Ring 7, 80809 München, www.olympiapark.de, Tel. 0173/7180952 // ÖPNV U3, Bus 173, 180, Haltestelle Olympiazentrum // Öffnungszeiten März–Nov. täglich 10–18 Uhr alle 30 Minuten; Preise: Erwachsene 3,50 Euro, Kinder (4–15 Jahre) 2,50 Euro // ab 0 Jahre

TIPP: Ein Abstecher auf die Olympia-Alm am Schuttberg: Münchens höchstgelegener Biergarten, einst nur als Provisorium gedachte Kantine für die Arbeiter beim Bau des Olympiaparks. Hat sich gut gehalten.

63_ DAS PARKHAUS AM FLUGHAFEN

Etage 11 in P20: prima Ausblick auf Starts und Landungen

Für Kinder gibt es am Münchner Flughafen tolle Angebote. Touren mit spannenden Einblicken. Wie läuft die Betankung eines Flugzeugs ab, wie groß sind die Wartungshallen. Und wie kommt der Koffer ins Flugzeug.

Führungen gibt es zu den verschiedensten Themen, sei es bei einem brennend interessanten Besuch der Flughafen-Feuerwehr (für Kinder ab acht), einer gigantischen Tour zu einem Airbus A380 (ab fünf) oder einem Besuch beim Zoll (ab zwölf), wo in der Asservatenkammer beschlagnahmte Schmuggelware zu bestaunen ist. Ein Krokodil im Koffer, eingelegte Schlangen, Elefantenfüße. Jaguarohrläppchen und Otternasen hingegen nicht.

Ausblicke für Freunde des Planespotting versprechen die kostenlos zugängliche Aussichtsterrasse am Terminal 2 wie auch für einen Euro Eintritt der Besucherhügel. Und dann gibt es noch einen Ort als schönen Beobachtungspunkt: Etage 11 auf dem obersten Deck des Parkhauses P20.

Vom südlichen Ende aus sieht man die Flugzeuge starten und landen, bei guter Fernsicht auch die Alpenkette. Sollte man, bei einem Parkhaus naheliegend, mit dem Auto anreisen, kann man sogar drei Stunden kostenlos zuschauen. Vorausgesetzt, man geht zwischendrin im Airport Center MAC für Minimum 20 Euro shoppen oder essen und lässt sich danach das Parkticket gegen Quittungsvorlage abstempeln, dann ist die Ausfahrt gratis. Genug Zeit zum Planespotting.

Adresse Parkhaus P20, Terminalstraße Mitte, 85356 München, www.munich-airport.de // **ÖPNV** S 1, S 8, Haltestelle Flughafen // ab 3 Jahre

TIPP: Im Besucherpark des Flughafens gibt es einen großen Erlebnisspielplatz. Minigolfen kann man auch, für 3,50 (Erwachsene) und 2 Euro (Kinder).

64_ DER PASINGER STADTPARK

Malerisches Schattendasein an der Würm

Lieblich schlängelt sich das Wasser an Bäumen vorbei und unter Brücken hindurch. An diesem idyllischen Ort, der gern als der kleine Bruder des Englischen Gartens bezeichnet wird, der Pasinger Stadtpark entlang der Würm.

Mit nur 20 Hektar ein sehr kleiner Bruder von Münchens 375 Hektar großer grüner Lunge, aber auch genau deswegen eine sehr reizvolle Abwechslung, wenn einem die Pfade des Englischen Gartens für einen Familientag zu ausgetreten erscheinen. Der Stadtpark ist auch sehr viel jünger, erst 1929 wurde er angelegt, zu einer Zeit, als das erst 1938 zu München eingemeindete Pasing noch eine eigenständige Stadt war und als die hier fließende Würm noch Namensgeber des großen Sees im Süden war. Denn bis 1962 hieß der Starnberger See Würmsee.

Auf dem 1,5 Kilometer langen Grünzug zwischen der Grenze zu Lochham und dem Pasinger Krankenhaus bieten sich viele Gelegenheiten zum Spielen und Toben, Pritscheln und Planschen, Steinewerfen und Stöckeschmeißen. Erfrischend und einladend sind besonders die seichten Furten. Die schönste liegt nördlich des Hugo-Fey-Wegs, wo die Würm sich teilt und um eine kleine Insel herumplätschert.

Im Süden des Parks schließt sich der Paul-Diehl-Park an, als fließender Übergang für den Einstieg ins Würmtal Richtung Starnberg. Dazu gibt es ein Basketballfeld, Tischtennisplatten und drei Spielplätze – und im Winter, bei Schnee, einen beliebten Rodelhügel. Ein Ort für jede Jahreszeit, der kleine Bruder an der Würm.

TIPP: Entlang der Würm führen von hier aus reizvolle Radwege Richtung Süden nach Starnberg oder flussabwärts nach Dachau.

Adresse Hugo-Fey-Weg 1, 81241 München // **ÖPNV** S 3, S 4, S 6, S 8, Haltestelle Pasing, Bus 56, 57, 265, Haltestelle Planegger Straße, Bus 160, Haltestelle Avenariusplatz // ab 0 Jahre

65_ DER PATERNOSTER

Runde für Runde: der Aufzug im alten Hochhaus

Mit dem Paternoster ging es abwärts, die Talfahrt schien nicht zu bremsen. 2015 kam der Tiefpunkt mit Anhang 1, Nr. 4.4 der Betriebssicherheitsverordnung. Demnach sollten alle Paternoster in Deutschland stillgelegt werden. Doch nach Protesten bekam der Paternoster eine Amnestie. Einer der letzten Paternoster in München dreht im Alten Technischen Rathaus somit weiter seine Runden.

Hommagen an den um 1880 in England entwickelten Umlaufaufzug gab es genug. In Doris Dörries »Männer« etwa, wo Heiner Lauterbach und Uwe Ochsenknecht in Boxershort und Leopardentanga im Paternoster stehen. So etwas sieht man im heute hier angesiedelten Planungsreferat nicht, genauso wenig wie kommunale Bedienstete, die wie einst Charlie Chaplin oder die Mainzelmännchen kopfüber von oben nach unten kommen, in der Theorie, die Kabinen würden sich beim Umlauf oben gleich um 180 Grad mitdrehen.

Der Paternoster in dem 1929 errichteten, 45 Meter hohen und von Münchnern einfach nur »Hochhaus« genannten Gebäude ist einer der letzten öffentlich zu bewundernden seiner Art. Neben dem Kabinenschacht steht zwar eine Liste mit Verbotshinweisen, aber auch allein zum Gucken lohnt sich der Abstecher allemal. Hauptsache, er dreht sich noch. Ging ja doch wieder aufwärts.

TIPP: Gleich neben dem Hochhaus mit dem alten Aufzug liegt das Marionettentheater. Ganze Generationen von Münchnern haben schöne Erinnerungen an ihre Besuche, manche kamen früher als Kind, heute kommen sie als Großeltern. Die Geschichte reicht bis 1858 zurück, an den Gründer Josef Leonhard Schmid erinnert heute nebenan die Papa-Schmid-Straße.

Adresse Blumenstraße 28 a/b, 80331 München // ÖPNV U1, U2, U3, U6, U7, Haltestelle Sendlinger Tor, Tram 16, 18, Haltestelle Müllerstraße // Zum Schauen ab 3 Jahre. Zum Mitfahren offiziell ab 18.

66_AUF DEM PERLACHER MUGL

Der junge Wald- und Wiesen-Hügel

Nein, viele Jahre hat er wirklich noch nicht auf seinem Buckel, der Perlacher Mugl. Er ist eher ein junger Hupfer, der Hügel im Perlacher Forst.

Weil der Forst größtenteils noch dicht bewaldet ist, entdeckt man den Mugl auch erst, wenn man direkt vor ihm steht. Oh, ein Hügel, hoppala. Früher war hier alles eben, der königliche Wildwärter hatte hier sein Häusl, doch im Zweiten Weltkrieg entstand an diesem Ort ein großer Bunker mit Flugabwehrgeschützen. Bis 1970 rottete der Bunker vor sich hin, als dann an der US-amerikanischen Kaserne in Giesing mit dem Teilstück zwischen A 995 und Mittlerem Ring der McGraw-Graben entstand. Das dort ausgehobene Erdreich also nahm man und überschüttete damit den alten Betonbau – und schuf so den Perlacher Mugl.

Bei guter Sicht reicht der Blick bis zum Alpenhauptkamm, in einem Pavillon erzählen Schautafeln die geologische Entwicklung der Region von der Eiszeit bis zur Gegenwart. Eine schöne Geschichte steht dort aber nicht: Einst nämlich bestieg Lorenz Köstner als Trainer der SpVgg Unterhaching mit seiner Mannschaft den Hügel, als man in der Zweiten Liga von der Bundesliga träumte. Der Ausflug sollte, so heißt es, mehr Symbolcharakter haben. Nach oben kommen und so. Tatsächlich stiegen die Hachinger auch auf. Mugl sei Dank.

Heute trifft man Profifußballer hier seltener, dafür Jogger, Radlfahrer und Familien auf Ausflug mit Kindern, die dann doch noch ein Stück jünger sind als der junge Mugl selbst.

Adresse im Perlacher Forst, mehrere Zugänge, zum Beispiel von der Oberbiberger Straße, 81545 München // ÖPNV S 3, Haltestelle Unterhaching, von dort 3 Kilometer zu Fuß // ab 0 Jahre

TIPP: Für alle Fans der britischen Komiker von Monty Python: Der legendäre Marathonlauf der Athleten mit Blasenschwäche aus den »Silly Olympics« wurde einst hier auf der geteerten Nord-Süd-Strecke im Perlacher Forst gedreht.

67_AM PFANZELTPLATZ

Perlachs Dorfidyll am Hachinger Bach

Früher, da tat einem der Hachinger Bach immer leid. Weil er – kaum in Fluss gekommen – schon wieder am Ende war. So dachte man. Versickert im Boden unter Berg am Laim. Bis man eines Tages erleichtert erfuhr, mit dem Rinnsal würde es doch weitergehen, unterirdisch erst durch ein Betonrohr zum Zamdorfer Hüllgraben und über das Johanneskirchner Moos weiter in den Mittleren Isarkanal. Es geht also auf Umwegen voran, auf der Strecke von Oberhaching bis zum Schwarzen Meer.

Der Hachinger Bach wirkt wie ein sympathischer kleiner Dorfbach, womit er sich gerade an einer Stelle wundervoll in die Gegend um ihn herum einfügt: am Pfanzeltplatz in Perlach. Der Platz ist Mittelpunkt des einstigen, 1930 zu München eingemeindeten Dorfes, und dörflich sieht es hier heute noch immer aus. Ein kleiner Streifen mit Pfarrkirche und Maibaum, es gibt nicht mehr viele solcher Plätze in München, an denen man in der Stadt ist und sich fühlt wie auf dem Land.

Und auch für Kinder ist der Ort ein wunderbarer Spielplatz. Ob man einfach nur seine Füße in den Bach halten möchte, in ihm herumplanschen oder einen Stock oder einen Ball hineinschmeißen möchte, um ihn am Nordende wieder herauszufischen, kein Problem, der Bach ist langsam und schmal genug. Vor der Holzwiesenstraße endet das Idyll, der Hachinger Bach fließt weiter Richtung Berg am Laim und Betonrohr. Gute Reise bis Zamdorf und zum Schwarzen Meer.

TIPP: Am Nordrand des Hachinger Bachs startet ein Naturlehrpfad. Ein schöner, informativer Rundweg, den man am Pfanzeltplatz am besten mit einem Eis im Gelato Italiano beschließt.

Adresse Pfanzeltplatz, 81737 München // **ÖPNV** Bus 55, 139, Haltestelle Pfanzeltplatz // ab 0 Jahre

68_DER PLANETENWEG

Ein Spaziergang durch unser Sonnensystem

Der Rausschmiss erfolgte 2006. Erbarmungslos. Klar, er war immer eine Randfigur, aber doch durfte sich der kleine Pluto seit seiner Entdeckung 1930 als Teil einer Gemeinschaft fühlen, zusammen mit so großen Kugeln wie dem dicken Jupiter, dem extravaganten Saturn mit seinem Ring und der Erde, von der es heißt, sie sei ein blauer Planet, was für den guten und angeblich auch kurzsichtigen Pluto mit bloßem Auge freilich nicht zu erkennen war.

Aber dann, 2006, war er nicht mehr gut genug. Weil ihn der astronomische Weltverband zum Zwergplaneten degradierte, verbannte man ihn aus dem Sonnensystem und schob ihn ab, hinaus in den Kuipergürtel. Immer auf die Kleinen. Wie herzlos.

Jedoch, es gibt im Universum noch einen Ort, an dem Pluto noch dazugehört. Auf dem viereinhalb Kilometer langen Planetenweg entlang der Isar, auf dem die Himmelskörper im Maßstab 1:1,29 Milliarden Kilometer passiert werden. Jeder Schritt gleich etwa eine Million Kilometer.

Start ist bei der Sonne im Hof des Deutschen Museums, es folgen Merkur, Venus und am Ende der Zenneckbrücke die Erde. Nach dem Mars vergrößern sich die Distanzen bis Jupiter und Saturn, Uranus kreist auf Höhe Schlachthofviertel, Neptun am Flaucher. Und am Ende, nach der Thalkirchner Brücke, kommt Pluto, wo er viel Gesellschaft hat, wenn die Tierparkbesucher am Eingang neben ihm in der Schlange stehen. Da hat er es nicht mehr ganz so einsam wie draußen im kalten Kuipergürtel.

Adresse zwischen Museumsinsel 1, 80538 München, und Thalkirchner Brücke, 81379 München // **ÖPNV** Anfang: Bus 132, Haltestelle Boschbrücke, Ende: U3, Haltestelle Thalkirchen (Tierpark) // ab 4 Jahre

TIPP: Ein Stück Münchner Geschichte: Jenseits der Isarbrücke wartet mit Kuchen und Muffins, Suppen und belegten Focaccias der »Kiosk 1917«. Benannt nach dem Jahr, in dem hier an gleicher Stelle erstmals ein Limonadenstand die Spaziergänger erfrischte.

69_DER POSCHINGER WEIHER

See für die Seele und ein Hauch von Louisiana

Am wildesten ist der Weiher am Südufer. Totholz, Schilf, verwachsene Bäume, Zweige im Wasser. Ein Anflug von Sumpflandschaft, ein Hauch Louisiana an dieser Stelle des Poschinger Weihers. Auf 600 Metern Länge erstreckt sich der See, von der urigen Südseite bis zum lieblicheren Nordufer. Doch so gut besucht er an Wochenenden auch ist, irgendwie gilt der Poschinger Weiher immer noch als Geheimtipp.

Nach 1918 wurde er als Baggersee angelegt, dort, wo sich der künstliche Seitenarm der Isar nach rechts Richtung Ismaninger Speichersee verabschiedet. Als Kanal ohne Wiederkehr.

Neben der Wasserqualität überzeugt vor allem der für Kinder flache Einstieg am Nordwest-Ufer. Am schönsten ist die Anfahrt mit dem Radl entlang der Isar, und fährt man weiter nördlich unter der gern mit Dauerstau gesegneten Brücke der A 99 hindurch, erfüllt es einen mit Genugtuung, nicht noch stundenlang blechkarawansend Richtung Gardasee tuckern zu müssen, sondern gleich am Ziel zu sein. Der Poschinger Weiher tut's doch auch.

Der 2010 verstorbene Münchner Autor Hans Pfitzinger nannte den Poschinger Weiher in seinem Buch »Stille Winkel in München« einen »See für die Seele«. Wohl wahr. Getrübt wird das Idyll nur durch den Kiosk-Mann am Seegarten, wenn er durch sein Megafon plärrt, dass die bestellten Spareribs fertig seien, die Bratwürstl oder die Pommes. Man gewöhnt sich dran, und auf der anderen Seite freilich hört man ihn eh schon kaum mehr, am Südufer in Louisiana.

TIPP: Nördlich des Sees erhebt sich ein kleiner Schuttberg. Von seinem Gipfel hat man einen herrlichen Rundumblick.

Adresse Am Poschinger Weiher, 85774 Unterföhring // ÖPNV S 8, Haltestelle Ismaning, oder U 6, Haltestelle Studentenstadt, von dort jeweils weiter mit Bus 231, Haltestelle Unterföhring, Kanal // ab 0 Jahre

70_DER PUMUCKL-BRUNNEN

Hurra, hurra, der Kobold ist im Luitpoldpark

Gäbe es eine »Hall of Fame« mit den wundervollsten Helden aus Kindheitstagen, dann stünde er dort in einer Reihe mit der kleinen Hexe, Pippi Langstrumpf oder dem Räuber Hotzenplotz: der Pumuckl, jener rothaarige Kobold, der sein Publikum seit Jahrzehnten verzückt. Nur gibt es diese Ruhmeshalle genauso wenig wie die Schreinerei vom Meister Eder, in der der Pumuckl als großer Lyriker seine phantastischen Reime dichtete wie etwa: »Überall Wasser, überall nasser, schrecklich viel spasser.«

Die Werkstatt lag damals in einem alten Kutscherhaus in einem Hinterhof der Widenmayerstraße 2, und kaum dass dort 1985 die letzte Szene gedreht war, rückte noch am gleichen Tag auch schon der Abrissbagger an. Gut, das Gebäude war tatsächlich alt und vermodert, der darunter verlaufende Hofsägmühlbach hatte dem Gemäuer mit Schimmel zugesetzt – mit einer Renovierung aber hätte man den Drehort als Pilgerstätte der Jünger Pumuckls vielleicht noch erhalten können. Trotzdem gibt es in München genau seit jenem Jahr einen Platz, an dem man dem kleinen Kobold noch begegnen kann: den Pumucklbrunnen im Luitpoldpark.

Errichtet wurde der Brunnen mit dem aufgeregt herumtanzenden Kobold im Nordwesten des Parks. Der Pumuckl spuckt in unregelmäßigen Abständen immer wieder kleine Wasserfontänen aus – ein schelmischer Überraschungseffekt für alle, die ihm zu nahe kommen. Denn so ist es schrecklich viel spasser.

Adresse im Nordwesten des Luitpoldparks etwa auf Höhe der Burgunderstraße, nördlich vom Bamberger Haus, 80804 München // ÖPNV U 2, U 3, Tram 12, 27, 28, Bus 140, 141, 142, 144, Haltestelle Scheidplatz, Tram 27, Haltestelle Gartenstraße // ab 0 Jahre

TIPP: Im Luitpoldpark auf den Aussichtshügel steigen. Von hier bietet sich bei klarer Luft ein herrliches Panorama über die Stadt bis zu den Alpen.

71_DIE PUPPENSTUBE

Im Laden der Frau Stadler

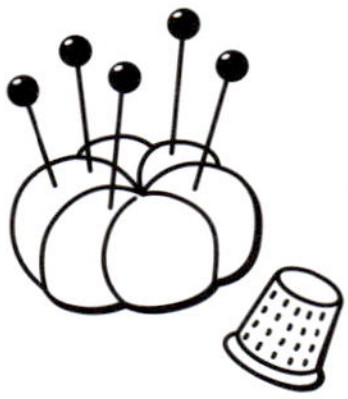

Einmal, sagt Gertraud Stadler, stand sie sogar in einem japanischen Reiseführer. Und es kamen auch einige Touristen bei ihr vorbei, denn der Ort hatte für die Urlauber aus Fernost schon etwas Exotisches, die gute alte »Puppenstube« von der Frau Stadler in der Maxvorstadt. Ein Laden aus einer anderen Zeit.

Begonnen hatte alles bei einem Sonntagsspaziergang 1975 – als sie im Schaufenster eines Schwabinger Antiquitätengeschäfts eine alte Puppe sah. Kurz darauf, sie war damals 29, eröffnete sie hier am Eck Luisen- und Schellingstraße ihre »Puppenstube«. Die erste ihrer Art in Deutschland.

Die Puppen bekam sie von Herstellern aus ganz Europa. Oder aus der Nachbarschaft, nach einer Wohnungsauflösung nach einem Todesfall etwa, dann brachten die Hinterbliebenen die alten Spielgefährten bei der Frau Stadler vorbei. Und natürlich fertigte sie selbst viele Puppen. An die 1.000 Stück hat sie noch heute, von der garstigen Teufelsmarionette bis hin zum feinen Adelspüppchen, die älteste ist so Jahrgang 1880. Gekauft werde freilich kaum noch eine, die Zeit der Puppen, sagt sie, sei vorbei.

Womit sie noch beschäftigt ist, das ist die Restaurierung – als plastische Chirurgin in einer der letzten übrig gebliebenen Kliniken für Puppen und Stofftiere. Oft kämen auch Erwachsene mit ihrem zerrupften Lieblingsteddy, sagt sie, mit der Bitte um eine Schönheits-OP. Und hin und wieder verschickt sie auch Bestellungen in alle Welt. Erst neulich wieder, bis nach Tokio.

Adresse Luisenstraße 68, 80798 München, Tel. 089/2723267 //
ÖPNV Bus 153, 154, Haltestelle Luisenstraße //
Öffnungszeiten Mo–Fr 11–18 Uhr // ab 2 Jahre

TIPP: Ein Spaziergang durch den benachbarten Alten Nördlichen Friedhof, der heute auch als Parkanlage mit Erholungscharakter genutzt wird.

72_DAS RÄTSELHAFTE GRAB

Todestag 31. Juni: das Datum, das es gar nicht gibt

65.000 Gräber gibt es auf dem größten Münchner Friedhof, dem Waldfriedhof, manche monumental und imposant, andere nur mit kleinen Kreuzen, schlicht und bescheiden. Spaziert man mit den Kindern andächtig vorbei an den letzten Ruhestätten bekannter Künstler, Schriftsteller und Schauspieler wie dem großen Autor Michael Ende oder »Tatort«-Kommissar Hansjörg Felmy, sollte man ein einzigartiges Grab auf keinen Fall links liegen lassen. Es zeigt nämlich ein Datum, das es im Kalender gar nicht gibt: den 31. Juni.

Es ist das Grab der 1881 in Glonn geborenen bayerischen Schriftstellerin Lena Christ, die nicht nur mit Büchern wie »Die Rumplhanni« oder »Madam Bäuerin« authentische und ungeschönte Einblicke in das Landleben jener Zeit gab, sondern auch tief in ihr eigenes Seelenleben blicken ließ, als sie in den »Erinnerungen einer Überflüssigen« von der schlimmen Kindheit erzählte, in der sie von Mutter und Stiefvater geschlagen wurde und gedemütigt.

Ein kurzes Glück erlebte sie mit ihrem zweiten Ehemann Peter Jerusalem, doch dann erkrankte sie an Tuberkulose, verarmte, versuchte sich aus Verzweiflung im Fälschen von Bildern. Als ihr dafür Haft drohte, sah sie keinen Ausweg mehr und schluckte am 30. Juni 1920 hier am Waldfriedhof Zyankali. Dass auf ihrem Grab der 31.6. steht, das Rätsel ist bis heute nicht geklärt, vermutlich ein letzter Gruß ihrer drei Kinder, als Ausdruck, dass ihre Mutter in die reale Welt nicht hineinpasste. Lena Christ, die keine Überflüssige war, eher eine Notwendige.

Adresse Fürstenrieder Straße 288, 81377 München // **ÖPNV** Bus 51, 151, Haltestelle Waldfriedhof Haupteingang // **Öffnungszeiten** täglich 8–17 Uhr // ab 7 Jahre

TIPP: Ruhiger und viel unbekannter als die berühmten Grünanlagen Westpark und Ostpark ist in der Nachbarschaft des Waldfriedhofs der wunderschöne, 60 Hektar große Südpark – mit Tischtennisplatten, Trimm-dich-Pfad und einigen Spielplätzen.

73_DIE REGATTA-STRECKE

Einst Olympiastätte, heute Freizeitparadies

An der Tribüne bröckelt der Putz, auf den Schildern bröselt das olympische Himmelblau, vielleicht hat diese alte Sportstätte genau deswegen ihren eigenen Charme. Vor allem hat sie bis heute einen hohen Freizeitwert, die Regattastrecke in Oberschleißheim.

Im Olympiapark wäre sie für die Sommerspiele von 1972 natürlich nie realisierbar gewesen mit ihrer erforderlichen Länge von 2,23 Kilometern und einer Breite von 140 Metern. Zahlreiche mögliche Standorte für die Kanu- und Ruderwettkämpfe standen damals zur Debatte, so Moosinning bei Erding. Oder das Moor bei Königsdorf nahe Bad Tölz, sogar am Sylvensteinspeicher fanden erste Vorbesichtigungen der Olympia-Planer statt. Ausschlaggebend für Oberschleißheim war letztlich die Nähe zu München.

Noch immer finden hier Wettbewerbe statt, doch auch sonst ist die Anlage an den Wochenenden ein begehrter Anziehungspunkt zur Freizeitgestaltung. Die geteerte Strecke entlang des Beckens bietet Radlfahrern und Inlineskatern Auslauf, es gibt einen Beachvolleyballplatz und die Möglichkeit, wie in der Olympia-Schwimmhalle in ein zweites olympisches Gewässer von 1972 zu hüpfen: Die Bereiche vor der Tribüne sind als Badeplätze ausgewiesen, und wie der Olympiapark hat sich auch diese Sportstätte bewährt, erfreut sie sich doch fast fünf Jahrzehnte nach den Spielen immer noch intensiver Nachnutzung.

Oberschleißheim war dann doch eine gute Wahl. Und näher als das Königsdorfer Moor.

Adresse Dachauer Straße 35, 85764 Oberschleißheim // ÖPNV S 1, Haltestelle Oberschleißheim, weiter mit Bus 291, Haltestelle Regattaanlage // ab 0 Jahre

TIPP: In unmittelbarer Nähe der Strecke liegt der Regattasee, ein Baggersee, der durch den Aushub für die A 99 entstand. Gerade bei Familien mit Kindern wegen seines ganz flach abfallenden Ufers ein sehr beliebter Badesee.

74_AUF DEM REITS-BERGER HOF

Abtauchen ins Landleben auf dem Erlebnisbauernhof

In Vaterstetten gibt es eine schöne Redensart, als Sinnbild für das karge Leben der Urahnen auf den steinigen Schotterwiesen. Die Ernte habe so wenig Ertrag gegeben, dass sich auf den Feldern sogar die Spatzen hinknien mussten, um etwas Futter herauszupicken. Georg Reitsberger kennt den Spruch, er hat ihn als Kind oft gehört, als seine Eltern selbst noch hart in der Landwirtschaft arbeiteten – bevor der Familienbesitz zu einem der beliebtesten Freizeitziele im Münchner Osten wurde, dem »Reitsberger Hof«, einem der schönsten Erlebnisbauernhöfe der ganzen Region.

Schon in Zeiten von Georgs Großvater Balthasar war der »Reitsberger Hof« ein Treffpunkt für die Einheimischen. Zum Ausflugsort wurde er aber erst 1995, als Georg Reitsberger ein neues Konzept entwarf, der Hof als Ort zum Abtauchen ins Landleben. Mit Gänsen und Hühnern, Enten und Ziegen, Rindern und Eseln.

Durch Ehefrau Karin, einst in München allererste Frau bei der Reiterstaffel der Polizei, kamen noch Pferde und eine Reitschule dazu und als Hoflokal das Wirtshaus »Landlust«, das heute von Tochter Anna und ihrem Mann Christoph geleitet wird. Auffallend freundlich und gut der Service, selbst an turbulenten Sonntagen bleiben die Bedienungen souverän und entspannt. Dazu die prämierte regional-saisonale Küche mit bayerischen Gerichten und üppiger Kinderkarte. Einfach zum Niederknien. In anderer Bedeutung als bei den Spatzen früher.

TIPP: Ponyreiten von Freitag bis Sonntag jeweils 15 bis 17 Uhr. Eine Runde für zwei Euro.

Adresse Baldhamer Straße 99, 85591 Vaterstetten, www.reitsberger-hof.de, Tel. Bauernhof 08106/9991812, Lokal »Landlust« 08106/3795917, Reitschule 08106/7194 // **ÖPNV** S 4, S 6, Haltestelle Vaterstetten, von dort 20 Minuten zu Fuß // **Öffnungszeiten** Bauernhof: täglich 10 – 19 Uhr; Lokal: Do – Mo 10 – 23 Uhr, Küche 11.30 – 21.30 und 14.30 – 17 Uhr kleine Karte, Di, Mi geschlossen außer feiertags // ab 0 Jahre

75_DER RIESE VOM MARIENPLATZ

Hausnummer 17: das Rätsel um St. Onuphrius

Ganz ehrlich, hat man sie schon mal bewusst wahrgenommen? Diese seltsame Gestalt an der Hauswand Marienplatz 17. Doch wer ist diese Figur? König, Heiliger, Zauberer? Gandalf? Albus Dumbledore? Der Yeti? Auch wenn es sich laut Inschrift um den heiligen Onuphrius handeln soll, gibt es dazu mehr als nur eine Geschichte.

Eine davon geht so: Onuphrius war ein äthiopischer Fürstensohn, der auf Reichtum verzichtete, in die Wüste wanderte und dort 60 Jahre als schweigender Asket lebte, so ähnlich wie der Eremit im »Leben des Brian«. Münchens Gründer Heinrich der Löwe soll der Sage nach von einem Kreuzzug eine Hirnschale des Onuphrius als Reliquie mitgebracht haben, was seine Verewigung hier als eine Art Schutzpatron der Stadt legitimieren würde. Eine andere Version lautet, ein früherer Hausbesitzer habe während einer Pilgerfahrt ins Gelobte Land in Todesangst zu Onuphrius gebetet und ihm nach geglückter Rückkehr aus Dank dieses Ebenbild gewidmet.

Andere wiederum vermuteten hinter dem über gut zwei Etagen reichenden Riesen einen ebensolchen, der im Umland gelebt habe. Ein gutmütiger Gigant, der bei verheerenden Feuersbrünsten in München mit seinen großen Pranken Wasser aus der Isar schöpfte und die Brände löschte.

Und was stimmt wirklich? Am besten einfach lange davor stehen bleiben. Dann fällt einem sicher noch eine ganz eigene Geschichte ein.

TIPP: Der Brunnen am Rindermarkt. An heißen Tagen bietet das Wasser auf den flachen Terrassenstufen eine schöne Gelegenheit zum Herumplanschen und Abkühlen.

Adresse Marienplatz 17, 80331 München // ÖPNV S 1 bis S 8, U 3, U 6, Bus 132, Haltestelle Marienplatz // ab 4 Jahre

76_AM ROECKLPLATZ

Charmante Oase mit Brunnen und Eisdiele

Eine Steinschale, in der Mitte ein Pfeiler. Goldene Ornamente, Jugendstil. Außen Gitter, ziemlich altes Eisen. Ein Kunstwerk, dieser Brunnen, der hier seit 1908 steht, an einer der schönsten Münchner Oasen für Eltern und Kinder, dem Roecklplatz.

1870 errichtete Christian Roeckl hier eine große Fabrik entlang der Isartalstraße. Die Handschuhe des Münchner Unternehmens wurden bald ein weltweiter Exportschlager, und als 1908 der Platz nebenan gestaltet wurde, baute der Münchner Künstler Friedrich Delcroix diesen steinernen Brunnen, der sich heute für Kinder an warmen Tagen bestens eignet, um für eine erfrischende Abkühlung hochzusteigen, Wasserbomben zu befüllen oder Nachschub zu holen für die Spritzpistolen.

Nebenan zweigt die Ehrengutstraße ab, hinein ins alte Dreimühlenviertel, das geprägt war von Handwerksbetrieben, Metzgern, Kohlehändlern. Und auch wenn dies heute eine der von Gentrifizierung am meisten betroffenen Gegenden Münchens ist: Manche kleine Läden haben sich gehalten, und Charme verbreitet das Areal rund um den Roecklplatz schließlich noch immer.

Zwingend erforderlich ist der Besuch des gegenüberliegenden Eiscafé Italia, schon eine Institution im Viertel. Was es nicht mehr gibt, ist das alte Firmenschloss. In den 1960er Jahren riss es die Familie ab, warum auch immer. Heute residiert der Konzern dort in einem schmucklosen Betonbau. Auch egal. Hauptsache, den Brunnen gibt's noch. Darauf eine Wasserbombe.

TIPP: Gleich neben dem Roeckl-Konzern lag der Sitz des Brillenherstellers Rodenstock. Nach dem Abriss entstand hier ein neues Wohnquartier. Lohnenswert ist ein Blick in den Innenhof mit dem Westermühlbach.

Adresse Roecklplatz, 80469 München // **ÖPNV** Bus 132, Haltestelle Roecklplatz // ab 0 Jahre

77_DIE RÖTHLINDE

300 Jahre und mehr: Münchens wohl ältester Baum

Gut, die Seile zwischen den Zweigen. Auch die Stangen zwischen den hohlen Ästen. Aber die Implantate waren nötig, und in so einem Alter muss man sich wegen der ein oder anderen Prothese wahrlich nicht schämen. Für ihre weit über 300 Jahre sieht sie immer noch prächtig aus. Ein Bild von einem Baum, die Röthlinde beim Gut Nederling.

Ihr genaues Alter sei schwer zu ermitteln, sagen Experten, dafür müsse man tief in den Stamm hineinbohren – und das wäre ein riskanter Eingriff mit möglicherweise tödlichen Folgen. Immerhin schätzte ein Gutachten der Naturschutzbehörde die bisherige Lebensdauer auf mindestens 300 Jahre, wenn nicht gar 350, und so könne man davon ausgehen, hieß es, dass es sich tatsächlich um Münchens ältesten Baum handelt. Gut möglich also, dass die Linde bereits zu Zeiten des Spanischen Erbfolgekriegs und der Sendlinger Bauernschlacht als junges Pflänzchen gedieh.

Sie überstand Kriege und Krisen und vor allem das Wachstum der Stadt auf einer der wenigen urbanen Wiesen, die bis heute nicht zubetoniert wurden. Für den Künstler Philipp Röth (1841–1921) war die Linde ein besonderer Ort, immer wieder saß er stundenlang unter der Krone und malte eines seiner Landschaftsbilder. Daher wurde der Baum auch später nach ihm benannt, eine Gedenktafel erinnert an ihn.

Längst ist die Röthlinde ein Naturdenkmal, mit ihren 23 Metern Höhe und einem Umfang von 6,24 Metern an ihrem Fuß. Und so steht sie immer noch baumfest da, am Stammplatz in Nederling.

Adresse neben dem Gut Nederling, Nederlinger Straße 78, 80638 München // ÖPNV Bus 151, 164, 165, Haltestelle Mettenstraße // ab 0 Jahre

TIPP: Jenseits des Nymphenburg-Biedersteiner Kanals in den Taxisgarten. Ein Biergarten in Neuhausen mit schönem Spielplatz samt Wippe, Rutsche und Klettergerüst.

78_DER ROTKÄPPCHEN-BRUNNEN

Bei Wolf und Wasser: der kleine Platz am Kosttor

Bekanntermaßen hören Kinder unterwegs gern Geschichten. Je länger – und damit auch langatmiger – ein Spaziergang, desto größer die Wahrscheinlichkeit des Wunsches, von den Eltern etwas erzählt zu bekommen. Im Münchner Zentrum empfiehlt es sich da, einen Platz am Kosttor aufzusuchen, um hier anlässlich der Örtlichkeit ein Märchen hervorzukramen. Am Rotkäppchenbrunnen.

1904 wurde der Brunnen aufgestellt, und vermutlich wäre ein anderes Märchen thematisiert worden, hätten seine Stifter Schneider geheißen, Holle oder mit Doppelnamen Frosch-König. Es war aber die Familie des Großhändlers Wolf, die den Bau dieses Brunnens förderte und die sich damit ein eigenes Denkmal setzte. Deswegen ist die holprig zu lesende Inschrift, »Wolf's Brunnen«, auch kein missratenes Deutsch, sondern eine Würdigung der Urheber.

Nicht aus Wolf's Mäulern freilich, sondern aus Wolfsmäulern plätschert auf vier Seiten das Wasser, ganz oben auf der Sockelspitze steht das vom bösen Wolf umgarnte Rotkäppchen. Anfangs übrigens war die kleine Insel vor dem Eingang des damals stolzen Hotel Roth von einem achteckigen Zaun umgeben, später war der Ort Treffpunkt für Teenager, bevor sie nebenan in die Disco gingen, ins »Mirage«, das »Far Out« oder das »Atomic Café«. Auch wenn er es nie zu solcher Prominenz brachte wie etwa der Fischbrunnen oder der Wittelsbacher Brunnen: er hat etwas Märchenhaftes, der Brunnen der Wolfs.

Adresse Am Kosttor, 80331 München // **ÖPNV** Tram 19, Haltestelle Kammerspiele // ab 2 Jahre

TIPP: Nebenan, in der Neuturmstraße 3, steht die historische Kunstmühle des Hofbräuhauses, die einzige noch in Betrieb befindliche Getreidemühle Münchens. Im Mehlladen gibt es eine Auswahl an Brotmischungen und Backzutaten, Pizzamehl und Müsli.

79_DAS RUSSENRAD

Eine Runde Nostalgie auf der Auer Dult

Vielen Münchnern ist das Oktoberfest zu voll geworden. Zu laut, zu viel Exzess. Viel beschaulicher ist die Auer Dult, ein dreimal im Jahr für jeweils eine Woche stattfindendes Volksfest am Mariahilfplatz. Eine der Hauptattraktionen dort: das Russenrad. Ein großer Spaß für Kinder, Eltern und Großeltern, ein nostalgisches Fahrgeschäft mit ordentlich Schwung und garantiertem Bauchkribbeln.

Russenschaukeln heißen die Gefährte, weil es sie schon im 18. Jahrhundert zu Zarenzeiten gab. Das Rad hier ließ Josef Esterl, der Großvater des heutigen Betreibers Herbert Köppenhofer, in den 1920er Jahren zusammenbauen, er zog damit quer durch Europa. Mit Bahn und Schiff bis Norwegen und Schweden, auf den Tivoli nach Kopenhagen und in den Luna Park in Venedig. Bis 1960 war das Rad mit seinen zwölf bunten Gondeln und 14 Metern Höhe das höchste transportable Riesenrad Süddeutschlands.

Heute ziehen Köppenhofer und seine Schwester Edith nicht mehr herum, dreimal die Dult, das reicht, und natürlich auch die 16 Tage auf der Wiesn, in der Schaustellerstraße links. Nur da geht das Russenrad unter, wirkt aus der Zeit gefallen wie ein antiquiertes Relikt inmitten der immer wilderen Highspeed-Action-Fahrgeschäfte, die mit ihrer Beschallung den friedlichen Klang der Jahrmarktorgel vor dem Russenrad rigoros ersticken.

Ungestörter bimmelt das Spielwerk auf der Dult, dreimal im Jahr im Schatten der Mariahilfkirche. Bei einem runden Vergnügen. Wo die Gondeln Freude tragen.

TIPP: Während der Auer Dult gibt es Führungen in der Mariahilfkirche mit Turmbesteigung und Besichtigung des 2012 eingebauten Carillons, mit 22 Tonnen Gewicht und 65 Glocken das drittgrößte in Deutschland.

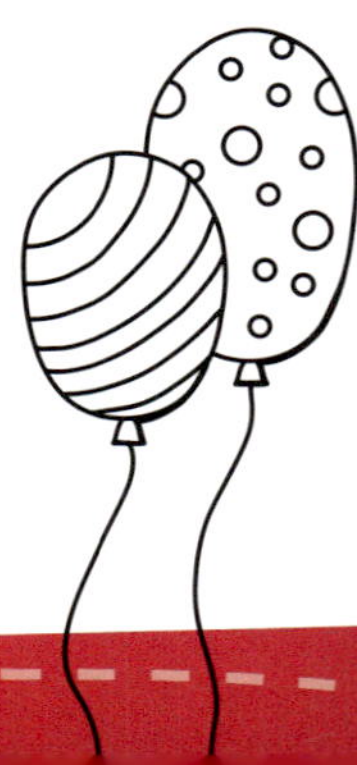

Adresse Mariahilfplatz, 81541 München // **ÖPNV** Bus 52, 62, Haltestelle Schweigerstraße, Tram 18, Haltestelle Mariahilfplatz // **Öffnungszeiten** dreimal im Jahr je eine Woche, rund um Anfang Mai, Ende Juli und Mitte Okt., genaue Termine unter www.auerdult.de // ab 3 Jahre

80_DIE RUTSCHBAHN IN DER UNI

Auf dem Campus durch die Röhre

An deutschen Unis, so lästern Kritiker des Bildungssystems, geht es rapide bergab. Auf die Technische Universität in Garching trifft das angesichts der herausragenden Forschungsleistungen sicher nicht zu – rasant abwärts geht es hier aber doch, und zwar im Wortsinn: auf den beiden Parabelrutschen in der Magistrale, dem Herzstück des Gebäudes für die Fakultäten Mathematik und Physik. Aus 13 Metern Höhe vom dritten Stock ins Erdgeschoss.

2002 entwarfen die Künstler Johannes Brunner und Raimund Ritz die beiden geschwungenen Röhren – passend zum Ort nach einer mathematischen Formel: $z = y = hx^2/d^2$. x und y als Achsen der Fußgängerebene im Erdgeschoss, d als halbe Entfernung zwischen den Einstiegen, h als Höhe zwischen Parterre und drittem Stock und z als Achse vertikal nach oben. Na dann. Ob man das löst oder nicht, ein großer Spaß ist es so oder so, durch eine der beiden gut 40 Meter langen Rutschen zu schlittern.

Mag es auch schwerfallen, die Freudenjauchzer zu unterdrücken: Um den Uni-Betrieb – schließlich wird hier nicht nur gerutscht, sondern vor allem geforscht – nicht zu stören, sollte man beim Besuch dezent leise sein. Ansonsten einfach unten nach dem Eingang der Magistrale (das Gebäude mit dem roten Türrahmen) am mathematischen Scheitelpunkt, kurz: dem Rutschbahn-Ende, eine Matte schnappen, rauf in den dritten Stock und dann, heißa, runter durch die Röhre. Zwischendrin unten in der Cafeteria zur Erholung auf einen Imbiss, dann schnell mit Matte wieder rauf zum Einstieg und hinab, immer wieder. So lustig war Uni noch nie.

Adresse Boltzmannstraße 3, 85748 Garching, www.ma.tum.de // **ÖPNV** U 6, Haltestelle Garching Forschungszentrum // **Öffnungszeiten** Mo–Fr ab 8 Uhr // ab 5 Jahre in Begleitung Erwachsener, alleine rutschen offiziell ab 11

TIPP: Die »ESO Supernova« der Europäischen Südsternwarte mit ihrem hochmodernen dreidimensionalen Fulldome-Planetarium und einer faszinierenden 2.200 Quadratmeter großen Ausstellung zu astronomischen Wissenschaften und Technologien. Adresse: Karl-Schwarzschild-Straße 2, 85748 Garching.

81_DAS SCHIFF AUF DER BRÜCKE

Die Alte Utting: ahoi in Sendling

67 Jahre alt war die »MS Utting« und im besten Rentenalter, als sie ihre letzte Reise antrat, im Februar 2017. Es sah traurig aus, wie sie, in der Mitte zersägt, mit Rumpf und Oberdeck auf zwei Tieflader gehoben wurde. Dabei ging es für die »Utting« jetzt erst richtig los. Nach fast sieben Jahrzehnten des Herumschipperns auf dem Ammersee sollte es nun Zeit sein für ein Leben in der Stadt. Und so legte sie an, auf der Lagerhausbrücke neben der Großmarkthalle. Ahoi in München.

Seit 1950 dampfte die »Utting« kreuz und quer von Stegen bis Dießen und zurück. Sie war jung und wild und ließ es gern krachen, vor allem in ihren Teenagerjahren, als Münchner Beatbands wie die Clouds hier an Deck einheizten. Später kam sie in ruhigeres Fahrwasser, und es kehrte Monotonie ein. Sie bekam kleine Schrammen, sie rostete ein – bis man ihr sagte, sie sei nicht mehr gut genug. Dass sie einer schönen, jungen, attraktiveren Nachfolgerin gleichen Namens weichen müsse.

Die alte Fregatte weinte bitterlich und viel, mehrmals trat der See in jener Zeit über die Ufer. Doch dann nahte Rettung. Der Münchner Kulturveranstalter Daniel Hahn verlor sein Herz an die »Utting« und brachte sie in seine Stadt. Er schenkte ihr einen Platz auf einer ausgedienten Eisenbahnbrücke, hübschte sie wieder auf, taufte sie in »Alte Utting« um. Und mehr noch: Auf ihre alten Tage kehrte bald wieder Leben ein, mit einer Bar und Gastro oben auf dem sonnigen Freiluftdeck. Alles an Bord. Leinen los für das zweite Leben, im Heimathafen Sendling. Käpt'n Hahn, bitte auf die Brücke.

Adresse Lagerhausstraße 15, 81371 München // **ÖPNV** Bus 62, 132, Haltestelle Lagerhausstraße // **Öffnungszeiten** Mo–Mi 17–24 Uhr, Do 17–1 Uhr, Fr. 16–2 Uhr, Sa 10–2 Uhr, So 10–22 Uhr // ab 3 Jahre

TIPP: Weniger für Veganer und Vegetarier, mehr für Freunde fleischlastiger bayerischer Küche: die Gaststätte »Großmarkthalle«. Von vielen Gästen werden die Weißwürste von Wirt und Metzger Ludwig Wallner als die besten in ganz München gerühmt.

82_ SCHIFFERLFAHREN IN KLEINHESSELOHE

Auf zur lustigen Bootspartie im Englischen Garten

Legt euch ins Ruder, tretet in die Pedale, hievt den Anker, Leinen los für eine Schifferlfahrt, bei der man zwar nicht in hohe See sticht, aber dafür in den berühmtesten und auch schönsten der Stadt, den altehrwürdigen Kleinhesseloher See.

Bei der Norderweiterung des Englischen Gartens legte Parkdirektor Reinhard von Werneck 1803 das Gewässer an, östlich des damaligen Dorfes Schwabing. Am Rand des Sees fand sich auch ein kleiner Stand des Parkwächters Joseph Tax, an dem es Bier gab, eine Brotzeit und Platz zum Tanzen und Feiern. Das »kleine Hesselohe«, das nichts mit Großhesselohe zu tun hat, sondern »kleines Haselwäldchen« bedeutet, wurde bald zu einem beliebten Treffpunkt. Heute steht hier das Seehaus mit einer extrem hohen Jetset-Dichte. Schickimicki, Bussi Bussi. Gut besucht und gut betucht.

Gleich daneben: der Bootsverleiher mit seiner Auswahl an Tret- und Ruderbooten. Ein großer Spaß, eine halbe Stunde über den See zu paddeln oder zu treten, rund um die drei Inseln, die je nach Größe analog zur Bedeutung bayerischer Herrschertitel benannt sind: die Königsinsel, die Kurfürsteninsel und die Regenteninsel. Bevor man wieder den Anker wirft, könnte man noch viel fabulieren über versunkene Schiffe, verborgene Schätze und das hier hausende Ungeheuer. Wäre aber eher Kleinhesseloher Seemannsgarn.

Adresse Kleinhesselohe 2b, 80802 München // **ÖPNV** Bus 59, Haltestelle Osterwaldstraße // **Öffnungszeiten** bei schönem Wetter etwa Mitte März–Mitte Okt. täglich 10–19 Uhr; Preise: pro 30 Minuten und Boot: 1 Person 8 Euro, jeder weitere Passagier 2 Euro, Kinder (2–10 Jahre) 1,50 Euro // ab 2 Jahre

TIPP: Zehn Gehminuten weiter südlich direkt neben dem Chinesischen Turm: das historische Karussell mit Giraffen, Flamingos und Kamelen. Dreht sich schon seit 1913. Schön nostalgisch.

83_IM SCHLOSS BLUTENBURG

Eine Bibliothek mit vier kleinen Museen

Mehr als eine halbe Million Bücher in mehr als 130 Sprachen. Mehr gibt es nirgendwo, gebündelt an einem Platz: Die Internationale Jugendbibliothek in Schloss Blutenburg ist die weltweit größte ihrer Art. Ein Ort für Literatur und Kultur, zum Lesen und Schmökern. Ein Ort für Verständigung und Verständnis, an dem es auch das Erbe großer Kinderbuchautoren zu bestaunen gibt.

Die Bibliotheksgeschichte begann mit der jüdischen Schriftstellerin Jella Lepman, die 1945 anfing, sich um die durch die Kriegsjahre traumatisierten Kinder zu kümmern. Ihr Credo: »Lassen Sie uns mit den Kindern anfangen, um diese gänzlich verwirrte Welt langsam ins Lot zu bringen.« Unterstützt von Verlagen, sammelte sie Tausende Bücher als Grundstock für die 1949 eröffnete Bibliothek.

Seit 1983 nun residiert die Bücherei in Schloss Blutenburg. Neben dem großen Bestand an Büchern aus aller Welt gibt es hier auch noch vier unvergleichlich entzückende Schatzkammern, die mit alten Erstausgaben, original Zeichnungen, Briefen und Fotos an das Leben großer Kinderbuchautoren erinnern: das Michael-Ende-Museum, das Erich-Kästner-Zimmer, der James-Krüss-Turm und das Binette-Schroeder-Kabinett.

Jella Lepman starb 1970, aber noch immer geht es hier für Kinder um Dialog und Toleranz, darum, Verständnis zu entwickeln für andere Länder und Kulturen. Ein kleiner, aber doch so wichtiger Ansatz. Um die immer noch oder – je nach Sichtweise – schon wieder verwirrte Welt langsam wieder ins Lot zu bringen.

TIPP: Ein malerischer Rundgang durch den Schlosspark der Blutenburg, der früher sogar einmal eine freie Sichtachse zum Schloss Nymphenburg bot.

Adresse Internationale Jugendbibliothek im Schloss Blutenburg, Seldweg 15, 81247 München, www.ijb.de, Tel. 089/8912110 // **ÖPNV** Bus 56, 143, Haltestelle Schloss Blutenburg // **Öffnungszeiten** Lesesaal: Mo – Fr 10 – 16 Uhr, Kinderbibliothek: Mo, Di, Do, Fr 14 – 18 Uhr, Mi 9 – 18 Uhr, Besuchszeiten der vier Autoren-Räume (Kästner-Zimmer auf Anfrage) finden sich auf der Homepage // ab 6 Jahre

84_DER SCHMEDERERSTEG

Zug um Zug: Münchens schönster Schauplatz

Zur Beobachtung von Eisenbahnen eignen sich in München viele Stellen. Die Hackerbrücke oder eine Überführung weiter die Donnersberger Brücke. Bis vor einigen Jahren ein Geheimtipp war die öffentlich zugängliche Dachterrasse des Technischen Rathauses an der Friedenstraße, vom 18. Stock aus mit grandioser Aussicht auf das Gleisgewirr am Ostbahnhof, nur leider ist die Terrasse inzwischen geschlossen.

Der unbestritten schönste Ort für eine Zugbeschau findet sich in Obergiesing, am Schmederersteg. Eine kleine Fußgängerbrücke mit Eisengitter, die über die Bahnspange zwischen Hauptbahnhof und Ostbahnhof führt und eine charmant-romantische Patina aus alten Industrialisierungszeiten besitzt, Baujahr 1871. Der Schmederersteg führt von der Straße Am Bergsteig hinein in den Kronepark, der so heißt, weil das Grundstück einst dem Zirkusgründer Carl Krone gehörte, nachdem er das Gelände der Brauerei-Familie Schmederer abgekauft hatte. Daher also der Name der Brücke.

Beeindruckend ist der Blick Richtung Südwesten auf die Türme des Heizkraftwerks Süd und davor auf die kerzengerade Strecke Richtung Untergiesing. Es kann für mulmiges Kribbeln sorgen, wenn man die Züge heranrasen sieht, die dann unter den Holzbohlen der Brücke hindurchflitzen – und manchmal auch für Sehnsucht, wenn man weiß, dass sie noch bis weit über den Brenner fahren werden, nach Rom, Florenz, Verona. Der Schmederersteg, Obergiesings Ort fürs Fernweh.

TIPP: Im Kronepark gibt es einen schönen und dank der Bäume teils recht schattigen Abenteuerspielplatz für alle Altersklassen. Mit Sandkasten, Rutschbahn und Wasserpumpe.

Adresse Schmedererweg zwischen Kronepark und Am Bergsteig, 81541 München // **ÖPNV** U 1, U 2, U 7, Haltestelle Kolumbusplatz, Tram 15, 18, 25, Bus 58, 68, Haltestelle Ostfriedhof // ab 1 Jahr

85_DIE SCHMOLCHE VON RIEM

Die Hauswand mit den 18 fröhlichen Fabelwesen

Scheint ihnen gut zu gehen, zumindest machen die 18 Schmolche einen glücklichen Eindruck. Lachend, fröhlich, alles voller Harmonie. Die vier Schmolch-Kinder beim Fußballspielen. Die Schmolch-Oma mit Tasche und Regenschirm. Das turtelnde Schmolch-Pärchen über dem Hauseingang und natürlich auch der Genießer-Schmolch mit seinem Weinkelch. Ein friedliches Miteinander, im Reich der Schmolche in Riem.

Hier, am Durchgang zu einem Kindergarten mit Innenhof, haben die Bronzeplastiken seit 2005 ihr Zuhause, auf einer 13 mal sechs Meter großen Reliefwand. Vater der Schmunzelschmolche ist der Baldhamer Künstler Steffen Schuster, auf seiner Homepage findet sich ein Märchen, wie es dazu kam, dass er die Schmolche schuf, als er eines Nachts seltsame Stimmen hörte. Von der Familie der 18 Schmolche, die in seinem Atelier herumgeisterten und die ihn baten, ihnen allen endlich Gestalt zu geben, mit Köpfen, Händen, Füßen. Und so bekamen die Schmolche, ein jahrtausendealtes Volk aus Nordeuropa, endlich einen Körper und eine neue Bleibe. An der Hauswand in der, passend zu ihren skandinavischen Wurzeln, Helsinkistraße 8.

Das entspannt-heitere Miteinander all der Schmolche, für Schuster ist es auch ein Sinnbild des Mottos »Leben und leben lassen«. Für mehr Toleranz, Nächstenliebe, Verständnis. Geht doch alles. Und ist gar nicht schwer. Wäre die Menschheit eine Schmolchheit, vielleicht wäre die Welt eine bessere.

Adresse Helsinkistraße 8, 81829 München, www.steffenschuster-kunst-grafik-design.de // ÖPNV U 2, Bus 139, 183, 190, 234, 263, 264, Haltestelle Messestadt West // ab 2 Jahre

TIPP: Mehr von Schusters Fabelwesen sieht man in weiteren Wohnanlagen der GEWOFAG, etwa an Passauerstraße oder Isareckstraße. München, Weltstadt mit Schmolch.

86_DAS SEA LIFE

Vom Gebirgsbach bis zum Ozean

Beschaulich plätschert der junge Gebirgsbach durch die Wiesenlandschaft, über Wasserfälle und vorbei an einem Mühlrad. Die Isar auf ihrer 292 Kilometer langen Reise von ihrem Ursprung im Karwendel bis hin zur Mündung in die Donau, so empfängt das »Sea Life« den Besucher und führt ihn auf einem schönen Rundgang bis in die Tiefen der tropischen Ozeane. Der richtige Platz zum Abtauchen.

Architektonisch fügt sich das »Sea Life« harmonisch in die filigrane Parklandschaft, nach dem trichterförmigen Eingangsbereich verschwindet der Bau unter grünen Hügeln. Im Inneren geht es über zwei Ebenen und vorbei an 36 Becken mit insgesamt 700.000 Litern Wasser und rund 3.000 Fischen, von denen viele als Angehörige vom Aussterben bedrohter Arten aus den Meeren gerettet wurden.

Der ökologische Aspekt spielt hier sowieso eine große Rolle. Ob bei den Fütterungen der Haie und Rochen oder am Berührungsbecken mit Seeanemonen und Einsiedlerkrebsen: Experten vom Aquarium-Team vermitteln anschaulich jede Menge wissenswerten Stoff zum Leben unter Meereshöhe, gerade auch zu den Gefahren fürs gesamte Ökosystem aufgrund der Vermüllung der Meere durch den Menschen. Ein Besuch, der auch bei Kindern ohne die große missionarische Gewissenskeule, aber doch mit pädagogischer Deutlichkeit pro Naturschutz tief ins Bewusstsein dringt. Ein Besuch, der nicht nur Spaß macht, sondern auch nachdenklich.

Adresse Willi-Daume-Platz 1, 80809 München, www.visitsealife.com // **ÖPNV** U 3, Bus 173, 180, Haltestelle Olympiazentrum // **Öffnungszeiten** Mo–Fr 10–17 Uhr, Wochenende und Feiertage 10–18 Uhr; Preise: Tageskarte Erwachsene (ab 15 Jahre) 17,95 Euro (online werktags 13,50 Euro, Wochenende 14,95 Euro), Kinder (3–14 Jahre) 14,50 Euro (online 10,95 Euro und 11,95 Euro) // ab 0 Jahre

TIPP: Die architektonisch spektakuläre BMW-Welt, die inzwischen jährlich von noch mehr Menschen besucht wird als Schloss Neuschwanstein. Unbedingt auch das BMW-Museum besuchen, mit 125 historischen Fahrzeugen aus der über 100-jährigen Geschichte des Unternehmens.

87_ BEIM SKIDDL IN LANGWIED

Halb Minigolf, halb Billard – und ganz einzigartig

Gleich nebenan bricht an heißen Sommertagen traditionell der ganz normale Wahnsinn aus. An der Langwieder Seenplatte, einem der begehrtesten Badeziele der Münchner. Im Radio hört man dann immer schon am Vormittag, dass der Parkplatz voll ist und die Autobahnausfahrt gesperrt.

Die optimalen Temperaturen für Hildegard Winter liegen daher auch knapp unter Badewetter, wenn es nebenan ruhig ist und doch mild und trocken. »So zwischen 22 und 25 Grad«, sagt sie. Um auf ihrer Anlage Minigolf zu spielen oder eine Runde Skiddl. 18 Bahnen Tischbillard.

Seit 1962 gibt es die Minigolfanlage München-West, eine der ältesten im Münchner Raum. 1985 entwickelte Hildegard Winters Mann die Idee eines Tischbillards, das sich von der Variante Pit-Pat in einem Punkt unterscheidet. Beim Pit-Pat mündet der Tisch wie beim Minigolf in einem Kreis, beim Skiddl bildet die ganze Bahn einen gleichmäßigen Kegel. Das Prinzip ist das gleiche, der mit den wenigsten Schlägen oder Stößen gewinnt. Während es in Deutschland rund 100 Pit-Pat-Anlagen gibt, blieb das Skiddl eine Rarität. Ihr Mann, sagt Frau Winter, habe seine patentierte Anlage vielleicht ein- bis zweimal verkauft, aber wohin, weiß sie auch nicht. In und um München jedenfalls blieb es einzigartig, und es ist ein großes Vergnügen, etwa der Tisch mit der Torwand als Ziel, drei Versuche unten, drei oben. Ein witziger Freizeitspaß, am besten werktags zu genießen. Und bei 22 bis 25 Grad.

TIPP: Im Nachbarort Gröbenzell gibt es am Ende der Dianastraße im Gröbenbach eine von Kindern mitgestaltete Kneipp-Anlage zum Abkühlen.

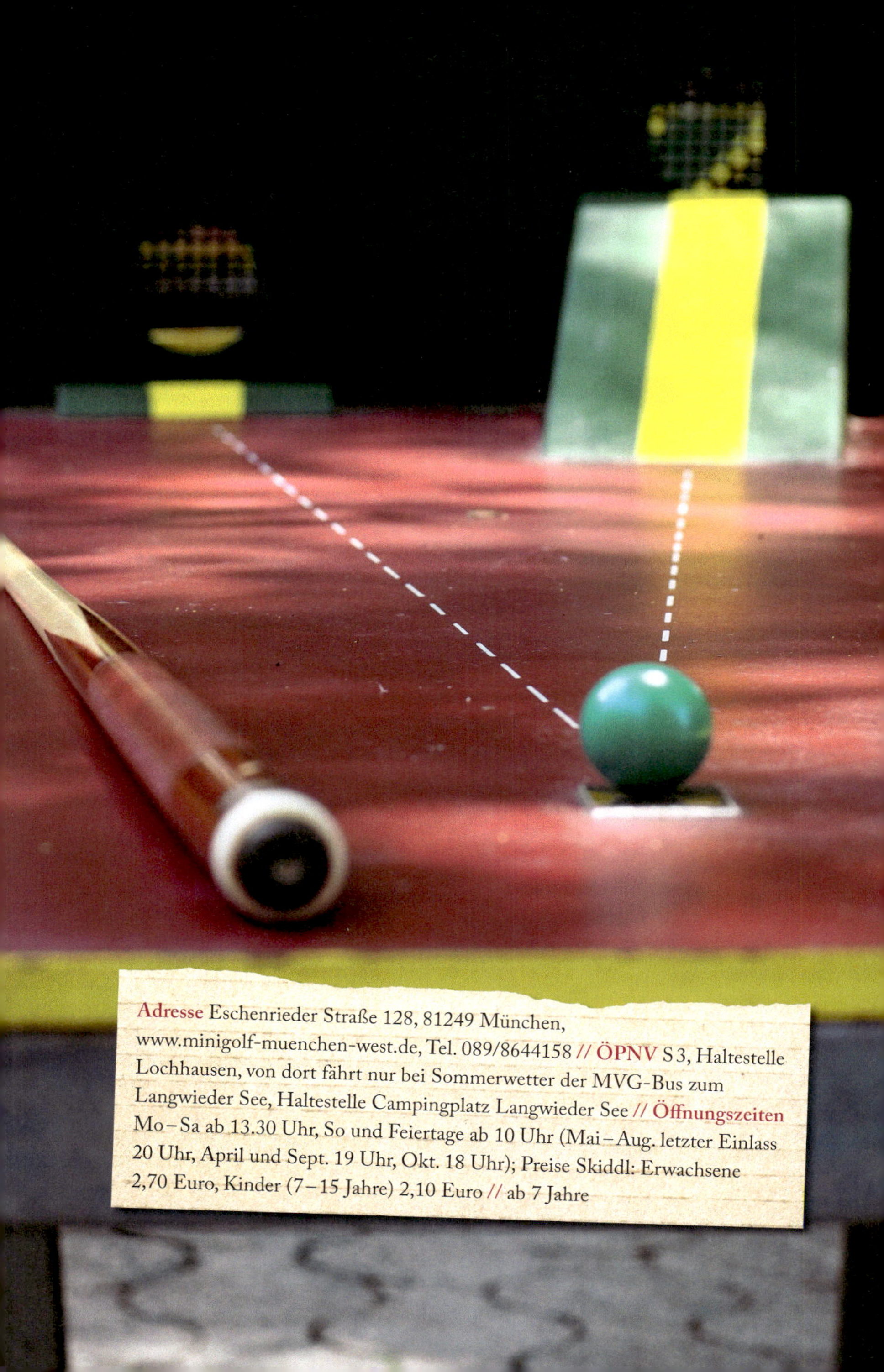

Adresse Eschenrieder Straße 128, 81249 München, www.minigolf-muenchen-west.de, Tel. 089/8644158 // **ÖPNV** S 3, Haltestelle Lochhausen, von dort fährt nur bei Sommerwetter der MVG-Bus zum Langwieder See, Haltestelle Campingplatz Langwieder See // **Öffnungszeiten** Mo–Sa ab 13.30 Uhr, So und Feiertage ab 10 Uhr (Mai–Aug. letzter Einlass 20 Uhr, April und Sept. 19 Uhr, Okt. 18 Uhr); Preise Skiddl: Erwachsene 2,70 Euro, Kinder (7–15 Jahre) 2,10 Euro // ab 7 Jahre

88_DIE SOCCARENA

Fünf Plätze, eine Gaudi: der Kick im Olympiapark

Na, mal wieder Lust auf ein wenig Herumgebolze? Sich austoben, schnaufen, schwitzen und in der letzten Minute den entscheidenden Ball ins Kreuzeck hämmern? Was aber, wenn draußen Gruselwetter herrscht? Doch wieder die Glotze anschalten, Fußball gucken und sich ärgern, dass der Lieblingsclub verliert, am Ende mit umstrittenem Videobeweis? Gut, dass es für solche und alle anderen Tage die SoccArena gibt. Anpfiff für den spaßigen Indoor-Kick.

Vier Hallenplätze, sogenannte Match Courts, von je 30 mal 15 Meter, ideal für fünf gegen fünf, dazu ein kleinerer Speed Court, 26 mal 13 Meter, für vier gegen vier. Buchen kann man für eine Stunde, aber auch wie im richtigen Fußball-Leben für 90 Minuten oder gar inklusive Verlängerung für 120 Minuten. Ohne Elferschießen.

Als absoluter Favorit hat sich die sogenannte Kids Party herauskristallisiert. Im Paket inbegriffen eine Stunde Spielzeit auf dem Feld für acht bis zwölf Kinder und danach reichlich zum Schlemmen und Schnabulieren, egal ob man eine Hotdog-Party bestellt oder das Tex-Mex-Motto. Genau der richtige Ort auch für Eltern, die angesichts einer zu Hause einfallenden Kinderhorde nach einer Feier-Location fernab der eigenen vier Wände suchen.

Ob mit Partygästen, Kumpels oder wem auch immer: Die SoccArena ist eine große Gaudi. Garantiert. Dafür braucht es nicht einmal einen Videobeweis.

Adresse Spiridon-Louis-Ring 21, 80809 München, www.soccarena-olympiapark.de, Tel. 089/30672137 // ÖPNV U3, Bus 173, 180, Haltestelle Olympiazentrum // Öffnungszeiten Mo–Fr 14–22.30 Uhr, Wochenende, Feiertage und Schulferien 12–21 Uhr; Eintritt: Platzmiete je nach Uhrzeit für 1 Stunde Match Court 39 Euro (werktags bis 17 Uhr), 55 Euro (ab 17 Uhr) oder 51 Euro (Wochenende). Kindergeburtstage ab 61 Euro, genaue Preise je nach Staffelung und Teilnehmer am besten telefonisch erfragen. // ab 6 Jahre

TIPP: Für alle Kinder ab zehn Jahren ein aufregendes Vergnügen: die zweistündige Tour über das Zeltdach des Olympiaparks. Als besonderer Kick fürs große Finale dazu buchbar: Abseilen vom Dach oder per Flying Fox über das Olympiastadion.

89_BEIM SOCCERGOLF

Großer Freizeitspaß: die 18 Bahnen von Zorneding

Loch 17 ist gefürchtet. Gerade die vorletzte Bahn bringt auf vielen legendären Golfplätzen Spieler zur Verzweiflung. Das berüchtigte Road Hole im schottischen St. Andrews etwa. Und auch hier hat es die Siebzehn in sich. Mit dem tückischen Netz am Ende der Bahn, wo es gilt, in einen Ring in anderthalb Metern Höhe zu treffen, und wo meist die Vorentscheidung über Sieg und Niederlage fällt. Beim Soccergolf in Zorneding.

Im Herbst 2017 eröffnete Johann Reiser auf seinem Grundstück die 18-Loch-Anlage. Früher pflanzte er hier Getreide an, doch dann inspirierte ihn der Fußballgolfplatz eines Bekannten am mittelfränkischen Brombachsee. So gestaltete er mit einem Architekten 18 Bahnen mit einer Länge zwischen 35 und 105 Metern. Das Ziel des Spiels: mit möglichst wenig Schüssen Hindernisse wie Baumstämme und Wurzelstöcke zu meistern, Steinhaufen oder Betonröhren. Platzstandard ist 72, gespielt wird mit einem handelsüblichen Fußball, Größe 5.

Gerade für Familien mit Kindern ein grandioser Freizeitspaß, bei dem man auf einer Länge von 1,3 Kilometern knapp zwei Stunden an der frischen Luft unterwegs ist. Und wenn man nicht so gut trifft, sogar noch länger.

Im selbst gezimmerten Blockhaus und auf der Terrasse davor warten bei Johann Reiser und seiner Frau Ute am Ende herzhafte Stärkungen, Pizza und Pommes, Wiener und Nuggets. Ein stimmiger Abschluss eines lustigen Nachmittags. Und höchste Zeit, die Schmach an Loch 17 zu vergessen.

Adresse Hermann-Haage-Weg 3, 85604 Zorneding, www.soccergolf-muenchen.de, Tel. 0171/5438336 // ÖPNV S 4, S 6, Haltestelle Zorneding, von dort 2,2 Kilometer zu Fuß // Anfahrt von München über die B 304, zwischen Baldham und Zorneding beim Schild »Soccergolf« nach links abbiegen // ab 6 Jahre

TIPP: Der Waldspielplatz Pöring nördlich von Zorneding. Eine wunderbare Abenteueranlage im Westen des Ebersberger Forstes.

90_ DER SPIELORT DES ERSTEN DERBYS

Wo die Bayern kicken lernten

Die Stadien der zwei Großvereine? Kennt man. Die Bayern spielen in der Arena in Fröttmaning und die Sechzger in Giesing an der Grünwalder Straße. Doch wo kickten die Clubs zu Beginn ihrer Historie? Eine Geschichte, mit der man bei fußballbegeisterten Kindern garantiert punktet. Von den Löwen weiß man, dass ihre Fußballabteilung ihr erstes Spiel 1902 in Untergiesing auf der Schyrenwiese austrug, die gibt es heute noch. Aber der FC Bayern? Dazu war von einem ominösen Platz an der Clemensstraße zu lesen, doch den suchte man bei Spaziergängen durch die knapp zwei Kilometer lange Straße in Schwabing immer vergebens. Kein Spielort, nirgends.

Im Sommer 2018 aber wurde das Rätsel gelüftet. Jahrelang hatten Mitglieder der nach dem früheren jüdischen FC-Bayern-Präsidenten benannten Kurt-Landauer-Stiftung recherchiert, Bücher und Stadtpläne ausgewertet und Luftbildaufnahmen gesichtet, die noch aus Heißluftballons geschossen wurden. Und so wurden sie fündig. Bei einem Wohnblock. Höhe Hausnummer 50.

Das Grundstück gehörte damals dem Herd- und Ofenfabrikanten Friedrich Wamsler, der auf Drängen seiner Söhne Fritz und Carl – zwei der 17 Gründungsmitglieder des Clubs – den Kickern die Wiese als Fußballplatz überließ und sogar noch zwei Tore stiftete. 1902 stieg das erste Lokalderby gegen 1860, Rot besiegte Blau mit 3:0. Bis 1907 spielten die Bayern hier, dann aber war Abpfiff, der Platz wich dem Wohnungsbau, die Bayern zogen weiter. Nun also hängt eine Gedenktafel an der Ecke zur Ansprengerstraße – als Erinnerung an die erste Heimat der Bayern. An die Wurzeln auf der Wamsler-Wiese.

Adresse Clemensstraße 50, 80803 München // ÖPNV Tram 12, 27, 28, Haltestelle Clemensstraße, Bus 53, 59, Haltestelle Pündterplatz // ab 6 Jahre

TIPP: Der große Spielplatz in der Grünanlage am Pündterplatz – und, schon rein namentlich dazu passend, das »Spielplatzkind«: ein schönes buntes Geschäft an der Ecke zur Herzogstraße mit Bekleidung und Krimskrams für Kinder von 0 bis 16 Jahre.

91_ DAS SPIELZEUG-MUSEUM

Von Steinzeitrasseln bis zum Gameboy

Von der Wendeltreppe aus bietet sich zwischen den Etagen durch alte Fensterscheiben ein Blick nach draußen. Nichts zu hören vom Trubel am Marienplatz. Ein entrückter Ort, das Kinderzimmer der Menschheitsgeschichte.

Seit 1983 gibt es das Spielzeugmuseum im Turm des Alten Rathauses, gegründet von Ivan Steiger, dem tschechischen Karikaturisten und Zeichner, der Ende der 1960er Jahre nach München emigriert war, ein kritischer Geist mit spitzer Feder, aber auch mit großer Sammelleidenschaft für Spielzeug. Auf fünf Etagen finden sich so heute Spielsachen aus den verschiedensten Epochen, laut Auskunft der Frau an der Kasse empfiehlt es sich, ganz oben anzufangen.

Gleich in einer der ersten Vitrinen faszinierende Gegenstände wie eine Rassel oder eine kleine Axt, all das fand man in einem Kindergrab aus der Bronzezeit. Und weiter geht's ab etwa 1800, von Holz- und Blechspielzeug über Puppenstuben und Miniaturfiguren bis hin zum Tierpark oder dem Wilden Westen – und dann natürlich all die vielen Teddybären wie der Eisbär-Clown aus dem Jahr 1909.

Flugzeuge, Eisenbahnen, Modellautos und am Ende zwar auch als zeitgenössisches Dokument ein Gameboy – ansonsten aber einmal wieder ein richtig schön altmodisches Museum, ohne Audioguide, Videoinstallation und anderen Multimedia-Schnickschnack. Die Exponate betrachten, die Infotexte lesen und sich in die damalige Zeit versetzen, das reicht doch. Alles ohne Schnörkel, aber voller Charme. Und vor allem mit viel Herzblut.

Adresse Marienplatz 15, 80331 München // **ÖPNV** S 1 bis S 8, U 3, U 6, Bus 132, Haltestelle Marienplatz // **Öffnungszeiten** täglich 10–17.30 Uhr; Eintritt: Erwachsene 4 Euro, Kinder 1 Euro // ab 3 Jahre

TIPP: Insiderwissen: Warum ist der kleine Raum im vierten Stock des Alten Rathauses nicht zugänglich? Was befindet sich hinter der Tür? Hier liegt das »Ehrenbürgerzimmer« der Stadt München. Nur Ehrenbürger bekommen den Schlüssel zu dieser kleinen Stube, um sich dort zurückzuziehen oder kleine Gesprächsrunden abzuhalten.

92_SWINGOLFEN AM ANGERHOF

Rustikale Sportart mit herrlichem Panorama

Allein schon der Ausblick an Föhntagen bis hinein in die Alpen ist ein Genuss. Man kann mit Kindern einfach so herkommen, auf der Sonnenterrasse sitzen, auf den kleinen Spielplatz nebenan gehen oder den Kaulquappen im Tümpel zuschauen. Oder man tastet sich auf dem elf Hektar großen Platz am Angerhof doch heran an diese Disziplin, die man rund um München sonst nirgends findet: das Swingolfen.

Schläger, Ball, 18 Bahnen. Weniger Etikette aber als beim echten Golf, alles rustikaler. Es gibt keine Driver, Eisen und Holz, sondern einen Universalschläger mit einer schrägen Seite für die weiten Distanzen und einer flachen für die Putts. Die Löcher haben dankbare 30 Zentimeter Durchmesser, die Bälle fünf. Für Anfänger empfiehlt sich beim Ausleihen ein Ball in der Signalfarbe Orange, den findet man dann leichter, wenn man ihn abseits ins hohe Gras drischt.

Meist wenig Hoffnung auf eine erfolgreiche Suche gibt es auf Bahn 4, neben der im sogenannten Russengraben ein dicht bewuchertes Rinnsal verläuft, in dem schon reichlich Bälle verschwunden sind. Mit Bahnlängen zwischen 75 und 250 Metern ist man zweieinhalb Kilometer unterwegs, wer den Kurs geschafft hat, hat sich beim After-Swin in der Angerhüttn einen der selbst gemachten Kuchen von Wirtin Raphaela Miller wahrlich verdient. Dasitzen, den Bergblick genießen – und bloß nicht mehr an den verlorenen Ball denken, hinten im Russengraben.

Adresse Angerhof 1, 82239 Alling, www.angerhuettn.de, Tel. 08141/5349973 // ÖPNV S 8, Haltestelle Germering, S 4, Haltestelle Fürstenfeldbruck, Bus 852, Haltestelle Germannsberg // Öffnungszeiten Fr 13 – 19 Uhr, Wochenende und Feiertage 11 – 19 Uhr; Eintritt: Tageskarte Erwachsene 12 Euro, Jugendliche (12 – 17 Jahre) 9 Euro, Kinder (bis 11) 6 Euro // ab 8 Jahre

TIPP: Beschaulich und sehr kinderfreundlich mit kleinem Spielplatz ist der auch als Oberer Wirt bekannte Gasthof Widmann im alten Dorfkern Gilchings gleich unterhalb der Kirche St. Vitus. Mit dem Auto fünf Minuten entfernt.

93_RUND UM DEN TEUFELSBERG

Auf sagenumwobenen Spuren durch die Aubinger Lohe

Auf der Suche nach einem schönen Familienspaziergang durchs Grüne verschwindet die Aubinger Lohe gern unter dem Bewusstseinsradar. Allein topografisch gesehen zu Unrecht, denn schließlich ragt sie doch ordentliche 25 Meter über das flache Umland der Münchner Schotterebene empor – mit ihrem höchsten Punkt auf 541 Metern. Und mit dem sagenumwobenen Teufelsberg.

Weit im Westen, wo bereits die hohen Wohnhäuser Germerings die Sicht auf die Alpenkette jäh unterbrechen und die Radlwegweiser die Distanz zum Marienplatz auf 15 Kilometer und mehr beziffern, liegt dieses Landschaftsschutzgebiet. Mit versteckten Pfaden, verwunschenen Weihern und mit einer langen Geschichte. Hier fand man Überreste aus der Bronzezeit, dazu auch zwei Keltenschanzen.

Und im Nordosten am Teufelsberg stand einst der Aubinger Burgstall, es heißt, er habe so um anno 1000 weniger als Herrschaftssitz gedient denn vielmehr der Verkehrsüberwachung. Grüß Gott, Ihr Pferd war zu schnell, einmal bitte rechts ranreiten.

Die wirkliche Sage um den Teufelsberg aber geht so: In einem glänzend weißen Schloss mit goldenen Pforten lebte ein glückliches Prinzenpaar. Eines Tages kam der Prinz aber nicht mehr heim, weil er unter die Räuber fiel. Wer heimkam, war der Hund, im Maul hatte er als letzten Rest des Prinzen eine Hand. Darüber war die Prinzessin so verzweifelt, dass sie das Schloss verließ und das Gemäuer im Teufelsberg versinken ließ. Sozusagen Ende Gelände.

Adresse Aubinger Lohe, 81249 München // **ÖPNV** S 3, Haltestelle Lochhausen, von dort 5 Minuten zu Fuß // ab 0 Jahre

TIPP: Die Waldwirtschaft Bienenheim mit wunderbarer Slow-Food-Küche. Zeit mitbringen und Appetit.

94_DER TEUFELSTRITT

Die Sage mit dem Abdruck in der Frauenkirche

Die Sage mit dem Teufelstritt in der Frauenkirche gibt es in verschiedenen Versionen. Gern gehört wird sie von den Kindern immer wieder, egal, mit welchem Dreh. Eine Variante geht so.

Der Teufel saß gemütlich in seiner warmen Hölle, doch mit der Seelenruhe war es dahin, als er die Kunde vernahm, die Münchner wollten die größte Kirche der Stadt bauen. Das galt es zu verhindern. Eilig schwang sich der Teufel auf seinen Wind, ritt Richtung Isar, band ihn an der gerade zwei Meter hohen Kirchenmauer fest und traf den Baumeister Jörg von Halspach.

Der war ganz verzweifelt, weil es nicht voranging, einige Arbeiter waren krank, andere machten blau. So schlossen die beiden einen Pakt: Der Teufel helfe beim Bau der Kirche mit, und wenn sie komplett fertig sei, dann würde Halspach ihm dafür seine Seele schenken.

Der Teufel werkelte wie wild und zog die Kirche fast allein hoch. Doch als er dem Baumeister stolz die Vollendung präsentieren wollte, fiel er auf eine List herein. Halspach führte ihn an eine Stelle, von der aus man keine Fenster sehen konnte, und erklärte dem Teufel, die habe er wohl vergessen. Keine Fenster, keine Seele.

Fuchsteufelswild stampfte der Höllenfürst auf dem Boden auf (daher der Abdruck), stürmte aus der Kirche und lief zurück in die Hölle. Den Wind jedoch hatte er in seiner Wut vergessen, weshalb es bis heute rund um die Frauenkirche immer noch fürchterlich zieht und pfeift. Ganz ehrlich.

TIPP: Im benachbarten Jagd- und Fischereimuseum erfahren Kinder bei anschaulichen Führungen viel über die Lebensweise heimischer Tiere, begegnen bei einer spannenden Nachtpirsch Fuchs, Dachs oder Marder und lernen, Fährten zu lesen.

Adresse Frauenplatz 12, 80331 München // **ÖPNV** S1 bis S8, U3, U6, Haltestelle Marienplatz, Tram 19, Haltestelle Marienplatz (Theatinerstraße) // **Öffnungszeiten** täglich 7.30–20.30 Uhr, während der Gottesdienste sind keine Besichtigungen möglich // ab 3 Jahre

95_ IM TIERPARK HELLABRUNN

750 Arten aus fünf Kontinenten – und viele Gäste von nebenan

Ein Ausflug nach Hellabrunn, ein Klassiker, und wie beliebt der Tierpark ist, sieht man gerade an Sonntagvormittagen, wenn am Isar-Eingang das Ende der Warteschlange bis zur Brücke reicht. Nun ist ein Tierpark umstritten. Viele sehen ihn als Möglichkeit, Kindern die Tierwelt näherzubringen, andere lehnen ihn aus Überzeugung ab: Tiere in Gefangenschaft, geht gar nicht.

So unterschiedlich die Meinungen sind – interessant ist, dass Hellabrunn, eingebettet ins Landschaftsschutzgebiet der Isarauen, nicht nur Heimat der hier angesiedelten 750 verschiedenen Arten ist, sondern, wie ein Zeitungsbericht enthüllte, auch begehrtes Refugium für Tiere von außerhalb. Ob Eidechsen und Eulen, Igel und Frösche oder auch die Kanadagänse, die Zuflucht suchen, wenn sie an Sommerabenden vor dem Partyvolk an der Isar Reißaus nehmen.

Für die Gäste haben die Hellabrunner Menschen 160 Nistkästen für Vögel, Fledermäuse und Siebenschläfer aufgehängt. Es lohnt sich also, abseits der Gehege Ausschau zu halten, vielleicht sieht man ja einen Eisvogel, wie er sich einen Fisch aus dem Auer Mühlbach schnappt. Und nicht erschrecken beim Anblick einer Schlange, es handelt sich dann dabei weder um einen Netzpython aus Indonesien noch um eine Weißlippenkobra aus Zentralafrika, die kriechen weiter in ihrem Terrarium. Ist nur eine Ringelnatter, vermutlich aus Harlaching. Halb so wild.

TIPP: Ein schöner Familienspaziergang über den Rundweg um den Tierpark. Vom Isar-Eingang am Fluss zur Marienklause, die Hangkante hinauf auf das Hochufer. Über die Hochleite und den Harlachinger Berg zurück zur Isar.

Adresse Tierparkstraße 30, 81543 München, www.hellabrunn.de // **ÖPNV** U 3, Bus 135, Haltestelle Thalkirchen (Tierpark), Bus 52, Haltestelle Tierpark (Alemannenstraße) // **Öffnungszeiten** Ende März – Ende Okt. 9 – 18 Uhr, ansonsten 9 – 17 Uhr; Eintritt: Erwachsene 15 Euro, Kinder (4 – 14 Jahre) 6 Euro; kleine Familienkarte (ein Elternteil plus alle eigenen Kinder zwischen 4 und 14) 19 Euro; analog große Familienkarte für beide Elternteile plus Kinder 33 Euro // ab 0 Jahre

96_DIE TRAMBAHN-LINIE 19

Von West nach Ost: einmal quer durch die Stadt

Um möglichst viel von einer Stadt zu sehen, gibt es Sightseeing-Touren, meist mit roten oder blauen Doppeldecker-Bussen. Alternativ bieten sich auch öffentliche Verkehrsmittel an. Von Endstation zu Endstation. Einmal quer durch. Vom Rand ins Zentrum und wieder raus.

In München bestens dafür geeignet ist die Trambahnlinie 19. In 50 Minuten über 34 Haltestellen von West nach Ost, von Pasing bis zum S-Bahnhof Berg am Laim. Oder andersrum.

Die Neunzehner ist ein Urgestein der Münchner Tramgeschichte. 1908 fuhr sie das erste Mal in die damals noch selbstständige Stadt Pasing zum dortigen Marienplatz.

Bis heute ist die Fahrt durch sieben Stadtbezirke eine Reise, die München in all seinen Facetten streift. Das alte Arbeiterviertel Laim, die kulturelle Vielfalt der Schwanthaler Höhe, über den Rand der Ludwigsvorstadt hinein in die Altstadt, durch die Luxusmeile Maximilianstraße, über die Isar ins alte Glasscherbenviertel und die heute pittoreske In-Gegend Haidhausen. Und dann hinaus zur Endstation, die zwar am Bahnhof Berg am Laim liegt, rein geografisch aber in Zamdorf. In 50 Minuten einmal quer durch die Gesellschaft. Mit der Elektrischen, München unplugged.

TIPP: Für die Fahrt mit der Familie eine Gruppen-Tageskarte kaufen. Kostet (Stand: Herbst 2018) 12,80 Euro. Gilt für bis zu fünf Erwachsene, wobei Kinder zwischen sechs und 14 als halber Erwachsener gelten. Zurück geht's auch mit der S 4. Schneller, aber nicht ganz so schön.

Adresse Pasinger Bahnhofsplatz, 81241 München, und Ecke Zamila-/Hultschiner Straße, 81677 München // ab 0 Jahre

97_DER TRAMPOLIN-PARK

Bereit für den großen Sprung

Es mag in München bezauberndere Flecken geben als die Ingolstädter Straße. Hoch oben im Norden, wo die Stadt danach so ziemlich am Ende ist. Aber hier geht es auch nicht um Sightseeing, sondern um ein Indoor-Vergnügen. Im »AirHop«, einem Ort für große Sprünge. Hü-hüpf.

Irgendwie galt das Trampolin an sich als ewig altbacken und mächtig angestaubt, mehr so Kategorie Turnvater Jahn. Ab 2004 aber erlebten erste Trampolin-Hallen in den USA plötzlich einen Boom. Der Sprung nach Europa war nicht mehr weit.

2016 expandierte der britische AirHop-Konzern nach Bayern und eröffnete hier seine erste Dependance. Mag man am Anfang über die kryptischen Anglizismen rätseln (vom Foam Pit über den Battle Beam bis zum Wipe Out), so erschließt sich deren Sinn beim Ausprobieren. Der muntere Sprung in die Schaumstoffgrube, ein Zweier-Duell auf dem Zitterbalken oder die Sechs-Mann-Arena, die der als Sieger verlässt, der den hinterhältig rotierenden Stangen am geschicktesten ausweicht. Eine moderne Form des Teufelsrads.

Insgesamt warten auf die Besucher sechs verschiedene Areale von mehr als 3.400 Quadratmetern, auf denen Kinder und Jugendliche nach Herzenslust schweißtreibend herumhopsen können. Und die Eltern ebenso. Natürlich gibt es auch Pakete für Geburtstagsfeiern inklusive Partybüfett. Dafür darf man sich dann aber auch gern hinsetzen.

Adresse Ingolstädter Straße 172, 80939 München, www.airhoppark.de/muenchen, Tel 089/70809907 // ÖPNV Bus 141, 170, 294, 295, Haltestelle Anton-Will-Straße // Öffnungszeiten Mo–Do 12–21 Uhr, Fr 12–22 Uhr, Sa 9–22 Uhr, So und Feiertage sowie in den Schulferien 9–21 Uhr; Eintritt: Standard-Sprungsession 60 Minuten ab 12 Euro // ab 5 Jahre

TIPP: Ganz im Süden der Ingolstädter Straße beginnt der Petuelpark. Eine Grünfläche, die auf dem Deckel des Petueltunnels angelegt wurde. Faszinierend dort: das Periskop des Künstlers Bogomir Ecker, mit dem man von oben den Verkehr im Tunnel beobachten kann. Passender Titel: »Blick aus der Idylle hinab ins Inferno«.

98_DAS VERKEHRS-ZENTRUM

In 165 Tagen um die Welt: die Reise des Protos

Halle III mögen die Kinder am liebsten. Alles davor ist natürlich auch toll, das Sammelsurium von Autos, U-Bahnen, Lkws und Trambahnen in Halle I. Oder die Eisenbahnen im zweiten Raum. Aber hier halten sie es erfahrungsgemäß am längsten aus. Im Kinderbereich des Verkehrszentrums des Deutschen Museums, beim Basteln und Spielen und mit der Rutschbahn, oben von der Galerie.

Halle III hat aber noch mehr zu bieten. Den Tropfenwagen aus den 1920er Jahren etwa, so genannt wegen der an einen Wassertropfen erinnernden Form, der es auch ins Kino schaffte, als zwei Modelle in der Schlussszene von Fritz Langs »Metropolis« verbrannten – als Warnung vor zu rasantem technischen Fortschritt.

Schon Jahre zuvor war das Auto daneben unterwegs, der »Protos«, altgriechisch »Der Erste«. 1908 fuhr er in einer Rallye rund um die Welt. Von New York an die US-Westküste, per Schiff über den Pazifik, quer durch Russland, Polen, Deutschland bis zum Ziel in Paris. Nach 165 Tagen kam der in Berlin gebaute Protos als erstes Auto am Eiffelturm an. Mit vier Tagen Vorsprung auf den Amerikaner George Schuster. Dumm nur, dass Fahrer Hans Koeppen eine unerlaubte Abkürzung genommen hatte – als er den Protos in Amerika für eine Strecke von 130 Kilometern mal eben auf einen Zug verlud. Dank einer von der Jury aufgebrummten Zeitstrafe von 14 (!) Tagen landete er letztlich hinter Schuster. Blöd gelaufen. Letztlich war er dann nur noch der »Deuteros«. Der Zweite.

Adresse Am Bavariapark 5, 80339 München, www.deutsches-museum.de/verkehrszentrum, Tel. 089/2179333 // **ÖPNV** U 4, U 5, Bus 53, 134, 153, Haltestelle Schwanthalerhöhe // **Öffnungszeiten** täglich 9–17 Uhr; Eintritt: Erwachsene 7 Euro, Schüler und Studenten 3 Euro // ab 3 Jahre

TIPP: Ein beliebtes Fotomotiv steht vor dem Museum: eine überdimensionale Schnecke der renommierten amerikanischen Künstler Jason Rhoades und Paul McCarthy. Ein bewusst ironischer Gegensatz zum Traum von grenzenloser Mobilität und Geschwindigkeit.

99_DER VIECHERL-TURM

Zu Besuch bei Siebenschläfer und Haselmaus

Jahrzehntelang war es ein fader Ort, nichts zum Stehenbleiben, wenn man es eilig hatte, jenseits der Bahngleise den Biergarten der Kugler Alm anzustreben. Der alte Trafoturm der Isar-Amperwerke stand zwar mächtig unter Strom, fristete aber eher ein spannungsarmes Dasein. Das änderte sich 2001, als das Häusl von den Werken stillgelegt wurde und Leben in die Bude kam.

Die Oberhachinger Ortsgruppe vom Bund Naturschutz funktionierte ihn um, zum Viecherlturm – und schuf für die heimische Fauna einen Platz zum Brüten, zum Überwintern oder auch als Unterschlupf. Zahlreiche Tierarten fanden hier ein heimeliges Refugium, vom Waldkauz bis zur Wildbiene, von der Hornisse bis zur Haselmaus. Tiere von insgesamt knapp 50 teils bedrohten Arten.

Wer Glück hat, trifft hier auch einen der Naturschützer, die sich um den »Torris animalis« und seine Bewohner kümmern, eine Art Portier des Viecherlhotels. Dann kommt es schon mal vor, dass man in seiner Begleitung im Inneren über eine steile Leiter mehrere Etagen überwinden darf, um vorsichtig eine junge Siebenschläfer-Familie beim Nisten in einem Nest aus Laub zu beobachten.

Mit ein wenig Pathos ließe sich behaupten, der Turm sei ein sinnbildliches Naturdenkmal für den erfolgreichen Kampf gegen den an dieser Stelle geplanten und letztlich verworfenen Ringschluss der A 99 Süd. In jedem Fall ist der Ort mit seinen lehrreichen Schautafeln anders als früher inzwischen lohnenswert zum Innehalten. Der Biergarten drüben läuft ja nicht davon.

Adresse Kugler-Alm-Weg, 82041 Oberhaching, zwischen Parkplatz und Biergarten östlich der Bahngleise, gleich neben der Straße M11 von Grünwald nach Oberhaching // **ÖPNV** S 3, Haltestelle Furth, von dort 10 Minuten zu Fuß // ab 2 Jahre

TIPP: Einkehr in die benachbarte Kugler Alm. Großer Kinderspielplatz, von Mai bis August gibt es jeden Sonntagnachmittag hinter der Brotzeittheke Ponyreiten.

100_ DIE VIER HEILIGEN DREIKÖNIGE

Das Griechen-Quartett vor der Staatsbibliothek

Würde man eine Umfrage starten unter den Studenten auf ihrem Weg in die Staatsbibliothek, würden mutmaßlich die wenigsten die Namen der vier Gestalten an der Treppe vor dem Eingang kennen – und noch weniger die kuriose Geschichte des steinernen Griechen-Quartetts. Eine Geschichte, die es zu erzählen lohnt, wenn man mit dem Nachwuchs durch die historische Ludwigstraße schlendert.

Es war der Bildhauer Ludwig Schwanthaler, der in den 1830er Jahren die manchmal auch die »Vier Heiligen Dreikönige« genannten Steinfiguren entwarf. Von links nach rechts: Thukydides, der renommierte Athener Historiker. Homer, der Autor der »Ilias« und der »Odyssee«. Aristoteles, Philosoph und Lehrer Alexanders des Großen. Und der routinierte Arzt Hippokrates, als damaliger Star-Doc so etwas wie der Müller-Wohlfahrt der Antike.

Für den Wiederaufbau des im Zweiten Weltkrieg schwer getroffenen Gebäudes lagerte man die Figuren im Innenhof – bis es Hugo Decker, dem Bürgermeister von Bernau am Chiemsee und eingefleischtem Fan der alten Griechen, gelang, dem Freistaat Bayern die vier Originalfiguren als Dauerleihgabe abzuringen. Den Münchnern hingegen blieben nur neue Nachbildungen zeitgenössischer Bildhauer. So thronen Schwanthalers Griechen heute im Garten der Volksschule Bernau, quasi ihr Alterssitz. Auch wenn sie inzwischen etwas Moos angesetzt haben: sicher idyllischer, dort auf spielende Kinder, grüne Wiesen und hohe Berggipfel zu schauen als auf gehetzte Studenten und den Verkehr an der Ludwigstraße.

So. Jetzt aber Buch zu. Wie hießen die vier Griechen noch mal?

Adresse Ludwigstraße 16, 80539 München, www.bsb-muenchen.de // ÖPNV U3, U6, Bus 58, 68, 153, 154, Haltestelle Universität // ab 6 Jahre

TIPP: Immer noch ein Geheimtipp: Das StaBi-Café im Keller der Staatsbibliothek. Und danach nördlich vom Siegestor in der Leopoldstraße den »Walking Man« bestaunen. Nicht zu verfehlen: Die Stahlskulptur ist 17 Meter hoch.

101_DER VOGELPARK OLCHING

Bei Kakadu und Kondor in den Amperauen

Für seine bald acht Jahrzehnte hat sich der gute Hannes, Jahrgang 1940, ganz ordentlich gehalten. Stolz sein Blick, imposant das Federkleid. Mit seinen Mitbewohnern, den beiden Wüstenbussarden, kommt er ganz gut klar, oft zeigt er sich am Zaun, als Beweis, wie rüstig er noch beieinander ist. Hol's der Geier, ein eitler Vogel irgendwie. Der Andenkondor, als Methusalem so etwas wie die graue Eminenz im Vogelpark Olching.

Die Amperauen, gleich hinter dem Olchinger Volksfestplatz, sind eine der schönsten Naturoasen entlang des Flusses. Seit 1982 schon gibt es den Vogelpark, auf 20.000 Quadratmetern sind rund 650 Vögel hier beheimatet, 140 verschiedene Arten aus aller Welt in Volieren, Teichen, Freigehegen. Vom australischen Gelbhaubenkakadu über den afrikanischen Schuppenkopfrötel bis hin zum hiesigen Sperlingskauz, der mit gerade mal 16 Zentimetern Größe als Vertreter der kleinsten einheimischen Eulenart den Kindern meist ein »Süß« mit recht vielen »ü« entlockt. Freilich geht es hier um mehr als nur um reine Vogelbeschau, der Park kümmert sich um Erhalt und Schutz bedrohter Vogelarten, um Aufzucht und die sogenannte Auswilderung: So konnten etwa hier aufgewachsene Seeadler und Seeschwalben in die Freiheit entlassen werden. Sie sind sozusagen ausgeflogen.

Nur der Hannes, der mag sicher nicht mehr raus, er hat ja schon genug gesehen von der Welt. Zeit, den Lebensabend zu genießen. Nun eben als Amperkondor.

TIPP: Danach ins Eiscafé Dolomiti. Die Gelateria der aus einer alten italienischen Eismacherfamilie stammenden Besitzerin Antonella de Peron ist traditioneller Treffpunkt in der Olchinger Hauptstraße.

Adresse Toni-März-Straße 1, 82140 Olching, www.vogelpark-olching.de, Tel. 0160/98024150 // **ÖPNV** S 3, Haltestelle Olching, Bus 843, Haltestelle Auf der Insel // **Öffnungszeiten** Mai–Nov. Sa, So und Feiertage 10–17 Uhr; Eintritt: Erwachsene 5 Euro, Kinder (4–14 Jahre) 3 Euro // ab 0 Jahre

102_DIE VOLKS-STERNWARTE

Einblick in die unendlichen Weiten des Weltalls

Und dann erscheint der Abendstern. Die Venus. Im Westen, etwa über Aubing. Als kleiner Punkt mit bloßem Auge eben noch erkennbar. Als große leuchtende Kugel durch das Fernrohr, ein hochmodernes Spiegelteleskop, acht Meter Brennweite. Ein faszinierender Blick hinaus ins Weltall. Vom Dach der Volkssternwarte, 35 Meter über Berg am Laim. Was guckst du? Sterne und Planeten.

Für Himmelsbeobachtungen war München schon immer eine Schau. So galt das Observatorium am Galileiplatz um 1835 als das damals weltbeste. Heute ist dort die Universitäts-Sternwarte beheimatet, Besucher sind wenig erwünscht.

Aber für die Öffentlichkeit gibt es die Volkssternwarte, die seit 1947 einen tiefen Einblick in die Wunder des Weltraums gewährt. Gerade für Kinder ein himmlischer Ort. Einmal die Woche gibt es Kinder-Touren mit Vorführung im Planetarium, Observatoriums-Besichtigung und Himmelsbeobachtung durch die Fernrohre am Dach. Älteren Kindern ab zwölf sei mit Eltern die Abendführung ans Herz gelegt, der Blick in den Nachthimmel fällt doch noch etwas spektakulärer aus. Auf die Ringe des Saturn oder in die Nebel ferner Sternensysteme.

Spannend auch die Familienvorträge, eine Zeitreise zu den Sternen, ein galaktischer Trip quer durch Milliarden Jahre bis zum Anbeginn des Universums. Eine Reise von Berg am Laim bis zum Urknall.

Adresse Rosenheimer Straße 145h, 81671 München, www.sternwarte-muenchen.de, Tel. 089/406239 // **ÖPNV** Bus 55, 145, 155, Haltestelle Anzinger Straße // **Öffnungszeiten** Eintritt bei der Kinderführung (90–120 Minuten) jeden Fr ab 17 Uhr sowie bei der Abendführung, Beginn 20 Uhr (Sept.–März) oder 21 Uhr (April–Aug.): Erwachsene 6 Euro, Schüler 4 Euro, keine Anmeldung erforderlich // ab 4 Jahre

TIPP: Davor noch bei Helligkeit auf den Piusplatz. Grünanlage mit schönem Abenteuerspielplatz.

103_VRONIS PONYGLÜCK

Unterwegs mit Lilia und Snoti

Zeit für einen Ausritt. Gemächlich schreiten Lilia und Snoti mit den beiden Mädchen auf dem Rücken zu der kleinen Anhöhe mit diesem famosen Blick. Vorbei an Häusern und Dorfkirchen, über Felder und Äcker, bis im Westen Münchens dunstige Silhouette die Sicht begrenzt. Ein friedlicher Ort, den sich Veronika Schmid hier in Pliening ausgesucht hat – wenn sie mit ihren beiden Isländer-Pferden und Kindern unterwegs ist, die meist jünger sind als ihre zwei zwölf- und 16-jährigen Ponys. Ein schöner Ort für »Vronis Ponyglück«.

Pferde hatten es Veronika Schmid schon früh angetan, noch als Kind begann sie mit dem Voltigieren: Kunst- und Akrobatikübungen, die nicht nur Körperbeherrschung, sondern auch Einfühlungsvermögen fürs Pferd erfordern. Das gelang der Vroni ganz gut, sie schaffte es immerhin bis zu den Deutschen Meisterschaften.

Später gab sie Reitunterricht, bis sie im Herbst 2017 auf dem Meier-Hof in Pliening ihre eigenen Pferde bekam: Lilia und Snoti eben. Seitdem organisiert sie hier die verschiedensten Events: Zwergerlkurse und einstündige Ausritte auf dem Pony und natürlich auch Kindergeburtstage. Die Pferde striegeln, streicheln, satteln und mit Karotten füttern, auf ihnen zu einer spannenden Schatzsuche reiten, malen, basteln und natürlich reichlich Kuchen essen. Das alles drei Stunden lang – und für maximal fünf Gäste. Damit es keine Massenveranstaltung wird und die Kinder glücklich sind. Und Lilia und Snoti auch.

Adresse Meier-Hof, Geltinger Au 2, 85652 Pliening-Gelting, www.vronisponyglück.de, Tel. 0176/72188236 // ÖPNV S2, Haltestelle Markt Schwaben, weiter mit Bus 463, Haltestelle Geltingerau // Öffnungszeiten bitte nur mit Voranmeldung bei Vroni per Mail oder Telefon // ab 3 Jahre

TIPP: Als Schlechtwetter-Alternative bieten sich in der Gegend zwei große Indoor-Spielplätze an: das »Erdino«(www.erdino.de) in Erding sowie »Jux und Tollerei« (www.juxundtollerei.com) in Parsdorf.

104_IM WALDERLEBNIS-ZENTRUM

Auf der Suche nach dem Frosch von Grünwald

Ein Tier fehlt einem zum Schluss immer. Grundsätzlich, zum Verzweifeln. Nicht Eule oder Eichhörnchen, nicht Fuchs oder Specht. Nein. Der Frosch. Auf dem Abschnitt, auf dem es links und rechts zwischen den Bäumen und Sträuchern zehn hölzerne Nachbildungen heimischer Tiere zu erspähen gilt. Am Ende des Wegs hat man dann meist neun entdeckt. Auch wenn es zehn sein sollen. Heißt es.

Der Pirschpfad ist eine von zwölf wundervollen Stationen des Rundwegs beim Walderlebniszentrum. Vom Barfußpfad mit den verschiedensten Naturmaterialien über die Klangstation mit dem riesigen Holz-Xylofon und die Sprunggrube, an der man sich mit den vorgegebenen Weiten der hiesigen Fauna messen kann, bis zu dem Platz, an dem man nichts tun soll. Außer zu ruhen und zu lauschen.

Vorbeischauen sollte man in jedem Fall am Schwarzwildgehege bei den rund 20 Wildschweinen, Fütterung täglich 16 Uhr. Ein Besuch lohnt sich zu jeder Jahreszeit, eine eigene Stimmung herrscht etwa winters beim knirschenden Schneestapfen. In jedem Fall ein Ort, um bald wieder herzukommen. Vielleicht findet man den Frosch ja beim nächsten Mal. Vermutlich aber eher nicht.

TIPP: Eine der am besten erhaltenen Anlagen ihrer Art im Münchner Umland: die Burg Grünwald mit dem hauseigenen Museum. Fasziniert von dem Ort schrieb Karl Valentin einst sein legendäres Lied von den »Oidn Rittersleut«: Da hamm edle Ritter ghaust, dene hat's vor gar nix graust.

Adresse Sauschütt, 82031 Grünwald, www.alf-eb.bayern.de/forstwirtschaft // **ÖPNV** Tram 25, Haltestelle Grünwald, oder S 7, Haltestelle Höllriegelskreuth, jeweils weiter mit Bus 271, Haltestelle Grünwald, Friedhof, von dort 10 Minuten Fußweg // **Öffnungszeiten** Mo – Fr 8 – 16.30 Uhr, Sa, So und Feiertage von 11 – 16.30 Uhr; Wald, Wildschweingehege und Erlebnispfad sind immer zugänglich // ab 0 Jahre

105_DAS WALDHAUS ZUR ALTEN TRAM

Radlausflug zur Straßenbahn ohne Gleise

Und plötzlich taucht sie wie aus dem Nichts auf einer Lichtung auf: eine Tram. Ein alter M-Wagen, Jahrgang 1962, Linie 25, Ziel: Max-Weber-Platz. Ohne Gleise, dafür neben einem Haltestellenschild. Ferienheim Straßlach. Für Ortsunkundige ein Rätsel. Warum Ferienheim? Wie kommt das Fahrzeug hierher? Und warum heißt das Lokal daneben Waldhaus zur alten Tram?

Ein aufmerksamer Gang über das Gelände bringt Klarheit. Ein Gemälde einer alten Straßenbahn an der Hausfassade, auf der Wiese daneben ein Mahnmal für die im Ersten Weltkrieg gefallenen Münchner Trambahnfahrer. Die Lösung: Es war 1927, als hier ein Ferienheim der Münchner Straßenbahner entstand, errichtet durch den gleichnamigen Verein. Seit den 1990er Jahren wurde das Areal an Gastronomen verpachtet. 2016 übernahm das Ehepaar Markus und Liliane Tschurtschenthaler das Lokal, nun heißt es Waldhaus zur alten Tram, eine Reminiszenz an früher und an die Straßenbahn, die das Museum der Münchner Verkehrsgesellschaft stiftete.

Ob man die alpinen Spezialitäten wie die Südtiroler Spinatnocken verzehrt oder im Biergarten die Brotzeit vom Selbstbedienungskiosk, Kinder haben in dem 35.000 Quadratmeter großen Naturpark in jedem Fall eine große Gaudi und genug Platz zum Austoben. Auf der üppigen Kinderkarte gibt es Knödel, Schnitzel, Chicken Burger, kleine Gerichte zu fairen Preisen. Zum Zurückradeln die Strecke Richtung Laufzorn und Oberhaching nehmen, auf dieser Trasse waren schon die alten Römer unterwegs. Ohne Tram.

TIPP: Noch mehr Freizeitspaß wartet gleich neben dem Waldhaus auf der großen Minigolfanlage. Geöffnet werktags ab 14 Uhr, am Wochenende ab 10 Uhr.

Adresse Riedweg 41, 82064 Straßlach, www.waldhaus-tram.de, Tel. 08170/998880 // ÖPNV Bus 271, Haltestelle Straßlach, Frundsbergstraße, von dort 300 Meter zu Fuß // Öffnungszeiten Do–So und Feiertage 11–22 Uhr, Mo–Mi geschlossen // ab 0 Jahre

106_ DER WASSERSPIELPLATZ IM WESTPARK

Planschvergnügen für Staudammbauer und Schleusenwärter

Die Kinder wollen planschen, irgendwohin zum Wasser? Was aber, wenn man keine Lust auf die Warteschlange am Freibad hat und die überfüllte Liegewiese? Oder auf die Autofahrt zum Badesee, wenn man endlich weit entfernt einen Parkplatz findet, um nach einer Viertelstunde Fußmarsch am Ufer festzustellen, dass die Taucherbrille im Kofferraum liegt. Und die Sonnenmilch daheim.

Sommerliche Ausflüge zum Schwimmen bergen eben ihre Tücken. Wenn die Kinder Wasser wollen, warum nicht mal wieder in den Westpark? Da gibt es nämlich einen Wasserspielplatz, und was für einen.

Ein Abenteueridyll vom Allerfeinsten. Mit hohem Kletterturm und langen Rutschbahnen, Hängebrücken zum Balancieren, Höhlen zum Hindurchklettern. Kleine Wasserläufe, verwinkelte Wildbäche, die dazu einladen, sie an den vielen Stöpselstellen künstlich aufzuhalten. Hurra, wir bauen uns einen Drei-Schluchten-Staudamm. Und wenn ich groß bin, werde ich Schleusenwärter.

Auch dank der Einkehrmöglichkeiten, etwa im Hopfengarten, lässt sich hier mühelos ein ganzer Tag verbringen. Achtung nur: Der Wasserspielplatz spendet wenig Schatten. Neben Badesachen und Wechselwäsche also unbedingt auch an die Sonnenmilch denken. Nicht daheim lassen.

Adresse Heiterwanger Straße 34, 81373 München // **ÖPNV** U 6, Haltestelle Westpark, Bus 63, Haltestelle Hinterbärenbadstraße, Bus 130, 134, Haltestelle Ortlerstraße // ab 0 Jahre

TIPP: Weitere schöne Wasserspielplätze gibt es – wenn auch viel kleiner – beispielsweise auf der Isar-Insel zwischen dem Vater-Rhein-Brunnen und dem Wehr oder im Riemer Park auf dem alten Buga-Gelände.

107_ DER WHITE RABBIT'S ROOM

Spielen und mümmeln beim Weißen Hasen

Das Lieblingsbuch von Christina Doms hängt an der Hintertür. In Auszügen. 49 Seiten aus »Alice im Wunderland«, am Ende des Raumes mit den Bäumen, die in die Decke wachsen. Weiße Bäume natürlich. Man ist ja auch beim Weißen Hasen. Im »White Rabbit's Room« in Haidhausen.

Das weiße Kaninchen ist in dem wunderbaren Märchen von Lewis Carroll der Anfang für den Trip der Titelheldin ins Wunderland, und auch für Christina Doms war es eine Reise ins Ungewisse, als sie in den Räumen eines früheren Discounters 2012 ihr Café eröffnete, mit einem Shop rechts vom Eingang. Mit Haushaltsartikeln und Geschenkideen im schlichten und stilvollen Design.

Ein gemütliches Wohlfühl-Lokal der Mutter von drei Töchtern, nicht nur für Eltern mit Kindern, aber auch. Hinten neben der seitenweise beklebten Litera-Tür sind die begehrtesten Plätze, eine Empore, zwei Sessel, zwei Kisten mit Spielzeug.

Für die Frühstücksbestellungen liegen Wahlzettel zum Ankreuzen auf den Tischen, am meisten Stimmen entfallen traditionell auf Listenplatz 1, die Kandidaten der Müsli-Fraktion, vom Bircher bis zur Porridge Bowl. 2014 eröffnete Doms ihren zweiten Laden, den kleinen Hasenbruder, den »Little Rabbit« am Wiener Platz. Die Erfolgsgeschichte ging weiter, und anders als Alice am Ende des Buchs ist Christina Doms bisher noch nicht aus einem Traum aufgewacht. Ihre Reise durchs Wunderland geht weiter.

Adresse Franziskaner Straße 19, 81669 München, www.white-rabbits-room.de, Tel. 089/67971193 // ÖPNV S 1 bis S 8, Tram 15, 25, Haltestelle Rosenheimer Platz // Öffnungszeiten Mo–Fr 7.30–18 Uhr, Sa und So 9.30–17 Uhr; im Winter an allen Tagen ab 9 Uhr // ab 0 Jahre

TIPP: Die Grünanlage am Tassiloplatz. Mit einem der schönsten aller 728 Münchner Spielplätze.

108_DAS WICHTEL-WERK

Indoor-Spielplatz mit Industrie-Charme

Altes Gemäuer, Backstein. Viele riesige Hallen, historischer Industrie-Charme. Hier in Neuaubing arbeiteten einst Mechaniker, Schlosser, Schweißer im alten Ausbesserungswerk der Bahn, fast 100 Jahre lang bis zur Schließung 2001. Heute ist das in seinen Fassaden erhaltene Areal ein Campus für Kreative, Handwerker, Designer, Agenturen – und eine Heimat für einen der charmantesten Indoor-Spielplätze der Stadt für Kinder von null bis zwölf: das »WichtelWerk« in der ehemaligen Werkhalle 4, die einst die »südliche Weichenbauwerkstatt« der Bundesbahn beherbergte. Viel Holz, viel Tageslicht, erfreuliche Akustik, der an solchen Plätzen oft ermattende Lärm wird hier von den Mauern dankenswerterweise geschluckt.

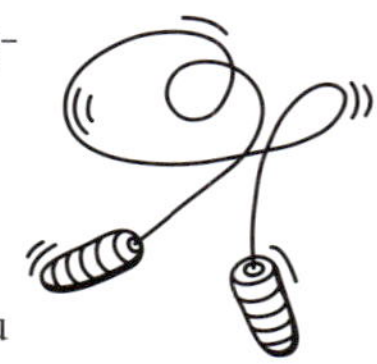

Vom Wichtel-Wutzal, dem Kleinkinderbereich, bis zu den zwei Hüpfburgen, vom Kletterturm auf vier Etagen bis zur zehn Meter langen Wellenrutsche. Über die Kartbahn pesen, in den Gummireifen sliden, und bei schönem Wetter geht's raus auf die Wichtelwiese mit der entspannten Lounge-Terrasse. Lässt sich aushalten.

Und oben auf der ersten Etage steigen dann die Geburtstagspartys, buchbar in drei verschiedenen Paketen, begleitet von den beiden Maskottchen, die landestypisch Lederhose und Dirndl tragen, dazu aber eher unpassend und warum auch immer Finn und Fine heißen. Sei's drum, die Signale für einen unbeschwerten Herumtobtag stehen auf Dauer-Grün, in der Weichenwichtelwerkstatt.

TIPP: Solides Essen, unter anderem mit Pasta, bayerischer Brotzeit und kleiner Kinderkarte, gibt es im »Platzhirsch«, dem Restaurant des Bavaria Motels direkt am S-Bahnhof.

Adresse Bertha-Kipfmüller-Straße 44, 81249 München, www.wichtel-werk.de // ÖPNV S 8, Haltestelle Neuaubing, von dort knapp 1 Kilometer Fußmarsch // Öffnungszeiten Di – Fr 14 – 19 Uhr, Sa, So 10 – 19 Uhr, Mo geschlossen; Eintritt: Kinder 1 – 3 Jahre 5,50 Euro, 4 – 8 Jahre 10,50 Euro, 9 – 12 Jahre 8,50 Euro, Erwachsene 3,50 Euro; üppiges Gastro-Angebot mit Imbiss, Snacks, Kuchen, Kaffee // ab 0 Jahre

109_DER WILDPARK POING

Bei Mia und ihren Drillingen:
Tierschau von B bis Z

Bruno hatte es nicht mehr geschafft. Eigentlich sollte der Braunbär eingefangen werden. Um hier zu leben, in dem 30.000 Quadratmeter großen Freigehege. Aber es kam anders (siehe Ort 57).

Dafür fand hier eine Bärenfamilie aus einem schwedischen Wildpark eine neue Heimat. Weibchen Mia mit ihren Drillingen Maja, Mette und Molly. Die alleinerziehende Mutter und ihre drei Töchter, eine der Hauptattraktionen hier in Poing.

Der Wildpark gehört zum Standardprogramm eines Münchner Familienausflugs oder eines Grundschulwandertags. Auf 570 Hektar tummeln sich 69 verschiedene Tierarten – von B bis Z, von Bartkauz bis Zwergziege, von Bachsaibling bis Zebrafink. Die unmittelbarste Begegnung auf dem vier Kilometer langen Rundweg gibt es auf jenem berüchtigten Streckenabschnitt, auf dem das frei laufende Dam- und Muffelwild zum Halali auf die Futtertüten der Besucher bläst. Weiter hinten wird die Distanz zur Fauna in ihren Gehegen größer, bei Wolf, Fuchs und Luchs ist das auch ratsam.

Wäre sicher interessant gewesen, wie es gewesen wäre, Bruno und Mia, ein Traumpaar gar? Aber bei Bären immer heikel, man weiß nicht, ob sie zusammengepasst hätten. Vielleicht wäre Bruno durchgedreht. Und Mia und ihre Töchter sind ja auch so ganz glücklich. Sorglos. Problemlos. Brunolos.

Adresse Osterfeldweg 20, 85586 Poing, www.wildpark-poing.de, Tel. 08121/80617 // ÖPNV S 2, Haltestelle Poing, von dort circa 20 Minuten zu Fuß // Öffnungszeiten 1. April – 1. Sept. täglich 9 – 17 Uhr, 2. Nov. – 31. März täglich 9 – 16 Uhr; Eintritt: Erwachsene 10 Euro, Kinder (3 – 14 Jahre) 6 Euro // ab 0 Jahre

TIPP: Der Abenteuerspielplatz neben der großen Picknick-Wiese und dem Kiosk. Mit Wasserspielplatz, Westernstadt, Piratenschiff und Erlebnisrutschen.

110_DIE X-BRÜCKE

Ein geheimnisvoller Ort im Englischen Garten

Im Englischen Garten finden sich an vielen Ecken Parkpläne zur Übersicht. Eingezeichnet sind bedeutende Punkte mit einer Ziffer. Etwa das Japanische Teehaus (Punkt 9), der Monopteros (20) oder der Chinesische Turm (24). Ein Ort aber erscheint geheimnisvoll. Die X-Brücke. Punkt 26.

Die X-Brücke führt westlich des Chinesischen Turms über den Entenbach. Aber woher der Name? Hinweise finden sich nicht. Steht das X für die römische Zahl Zehn? Oder für die Abkürzung eines Kusses, ein romantischer Ort also? Weder noch. Der Name stammt von der Form der leicht nach außen gewölbten Geländer. Und das wiederum hat einen historischen Bezug.

Als 1789 Kurfürst Karl Theodor den Englischen Garten als Volkspark anlegen ließ, entwickelte Landschaftsgärtner Friedrich Ludwig von Sckell ein Brückenprogramm. Demnach wurden über die vielen Bäche elf Brücken in unterschiedlichsten Baumustern errichtet – und eine davon war eben die hölzerne X-Brücke, die damals direkt unterhalb vom heutigen Haus der Kunst über den Schwabinger Bach führte und mit ihren nach außen geschwungenen, mondförmigen Sicheln von oben betrachtet in der Tat an ein X erinnerte. Heute gibt es diese Brücke dort nicht mehr, dafür weiter nördlich den 1900 errichteten und heute noch an dieser Stelle existierenden Neubau, der allerdings nur mit viel Phantasie noch an den 24. Buchstaben des Alphabets erinnert. Allein wegen ihres sonderbaren Namens ist sie aber doch ein spezieller Ort. Kein x-beliebiger.

Adresse zwischen Chinesischem Turm und Königinstraße, 80538 München // ÖPNV U 3, U 6, Haltestelle Giselastraße, Bus 54, 58, 68, 154, Haltestelle Chinesischer Turm // ab 0 Jahre

TIPP: Das Milchhäusl, ein Kiosk am Ausgang zur Veterinärstraße. Mit feinen Brotzeiten aus Bioprodukten und einem schönen schattigen Spielplatz.

111_ DER ZAUN DER WEISSEN ROSE

Haidhauser Gedenkort für die Geschwister Scholl

So heiter sich die Stadt gern präsentiert, München kann auch ernst. Für alle Eltern, die mit ihren Kindern historische Stätten auf den Spuren der schrecklichen NS-Zeit aufsuchen möchten, bieten sich reichlich Orte an. Feldherrnhalle, Königsplatz, aber auch die Ludwig-Maximilians-Universität, wo Hans und Sophie Scholl im Februar 1943 ihre Flugblätter durch den Lichthof warfen.

Die »DenkStätte« im Hauptgebäude der LMU erinnert an die Weiße Rose, doch es gibt noch einen anderen Platz, der untrennbar mit den Geschwistern Scholl verbunden ist. In Haidhausen. Ein verrosteter Eisenzaun an der Orleansstraße.

Gegenüber von Hausnummer 63 entstanden im Juli 1942 einige ihrer bekanntesten und letzten Fotos, ein gutes halbes Jahr vor ihrer Hinrichtung. Hans und Sophie zusammen mit Christoph Probst. In anderen Einstellungen noch mit Willi Graf, Alexander Schmorell und dem späteren Kinderarzt Hubert Furtwängler. Die Stimmung schien ausgelassen, obwohl es die Stunde des Abschieds war, die jungen Männer waren auf dem Weg in den Krieg. Von den Gleisen hier am Ostbahnhof fuhren die Züge mit den Soldaten Richtung Ostfront.

Einige Jahre hing hier auch eine Gedenktafel, bevor sie wegen ihres vermoderten Zustands wieder entfernt wurde. Offen war auch, ob der Zaun langfristig nicht den Baumaßnahmen für die zweite S-Bahn-Strecke zum Opfer fiele. Wäre ein Verlust, wenn der Zaun wegkäme, dieser rostige Ort zum Nachdenken und Innehalten.

Adresse Orleansstraße zwischen Haidenauplatz und Ostbahnhof, 81667 München // ÖPNV S1 bis S8, Bus 54, 55, 58, 62, 68, 100, 145, Haltestelle Ostbahnhof // ab 8 Jahre

TIPP: Thematisch geführte und auch für Kinder interessante Rundtouren zu den Orten der NS-Vergangenheit Münchens kann man beispielsweise beim Stadtführungs-Veranstalter »Weis(s)er Stadtvogel« (www.stadtvogel.de) buchen.

1
Scheyern
Zolling
Glonn
Isar
Freising
Altomünster
Markt
Indersdorf
A9
A92
63
Odelzhausen
A92
Unterschleißheim
80
A8
Dachau
73
20
Garching b.
München
54
51
3
Karlsfeld
4
101
A99
Ismaning
Markt
Schwa
ben
Olching
Unterföhring
103
38
109
Puchheim
Poing
Fürsten-
feldbruck
2
A94
92
47
Germering
MÜNCHEN
Vaterstetten
55
Gilching
74
Planegg
Haar
A96
89
Ottobrunn
A99
Gauting
Grünwald
99
104
Höhenkirchen-
Siegertsbrunn
105
Ober-
haching
Starnberg
Glonn
A95
Icking
A8
Aying
30
Starnberger See
49
Tutzing
Wolfratshausen
Holzkirchen
Dietrams-
zell
Weyarn
Geretsried
N
0
2.5
5 km
Miesbach

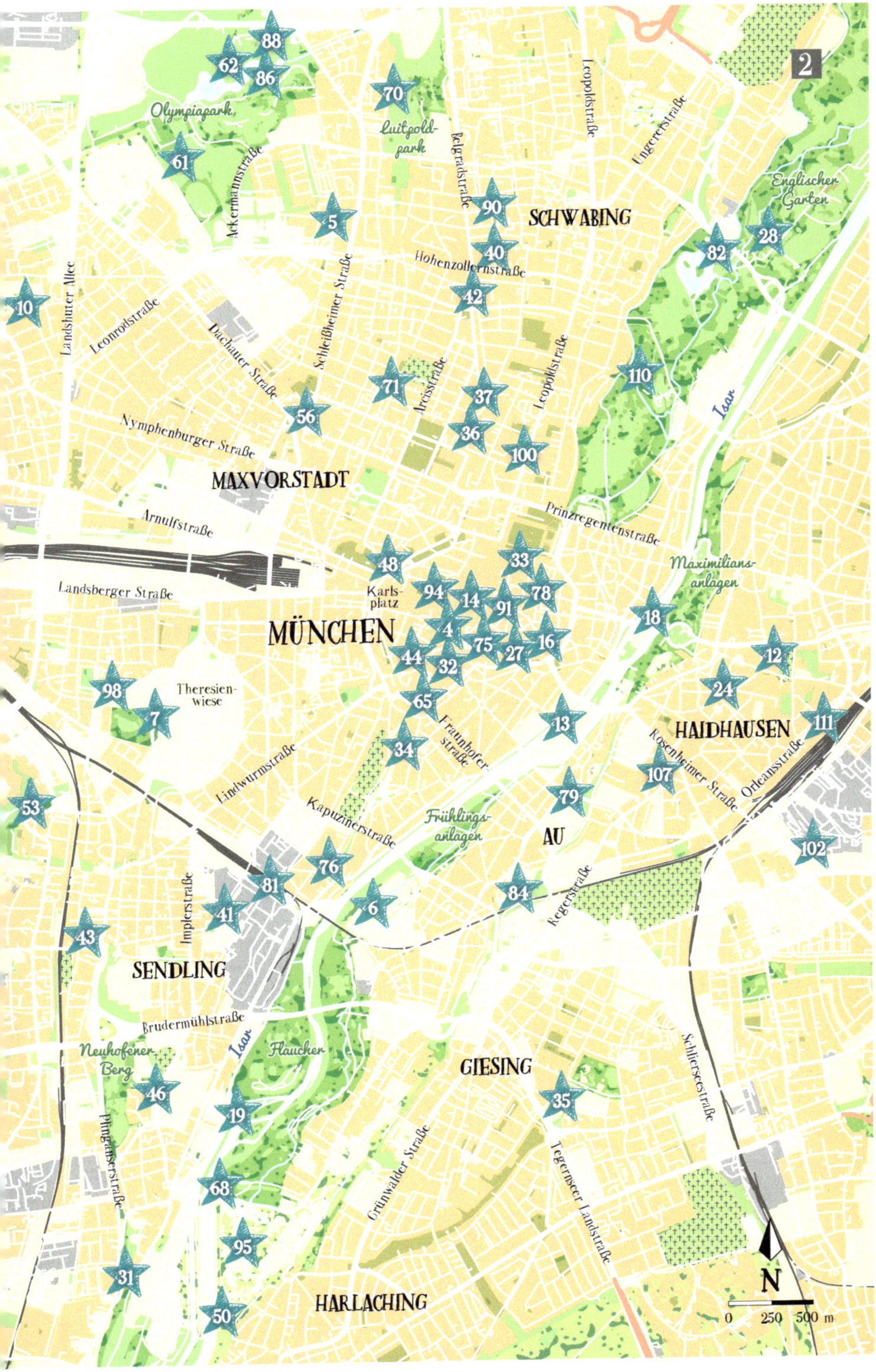
2
Olympiapark
Luitpoldpark
Englischer Garten
SCHWABING
MAXVORSTADT
MÜNCHEN
Karlsplatz
Theresienwiese
Maximiliansanlagen
HAIDHAUSEN
Frühlingsanlagen
AU
SENDLING
GIESING
HARLACHING
Neuhofener Berg
Flaucher
Isar
Leopoldstraße
Ungererstraße
Belgradstraße
Ackermannstraße
Hohenzollernstraße
Landshuter Allee
Leonrodstraße
Dachauer Straße
Schleißheimer Straße
Arcisstraße
Nymphenburger Straße
Arnulfstraße
Prinzregentenstraße
Landsberger Straße
Lindwurmstraße
Fraunhoferstraße
Kapuzinerstraße
Rosenheimer Straße
Orleansstraße
Regerstraße
Implerstraße
Brudermühlstraße
Plinganserstraße
Grünwalder Straße
Tegernseer Landstraße
Schlierseestraße
N
0 250 500 m
88
62
86
70
61
5
90
40
42
10
71
56
37
36
100
110
82
28
48
33
94
14
91
78
4
44
32
75
27
16
18
12
24
111
98
7
65
34
13
107
53
79
102
76
81
6
84
41
43
46
19
35
68
95
31
50

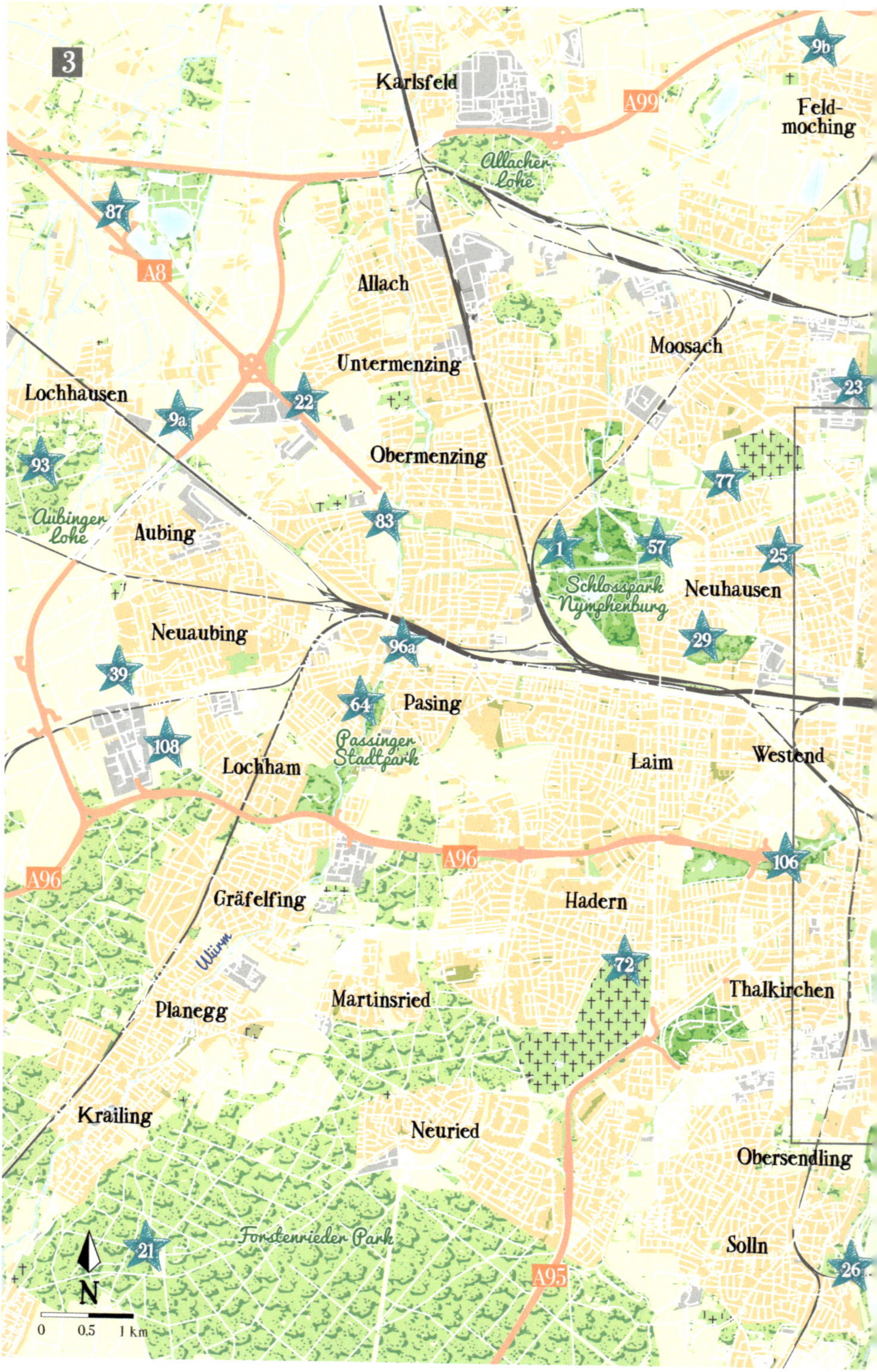
3
Karlsfeld
A99
9b
Feld-
moching
Allacher
Lohe
87
A8
Allach
Moosach
Untermenzing
23
Lochhausen
22
9a
Obermenzing
93
77
83
Aubinger
Lohe
Aubing
1
57
25
Schlosspark
Nymphenburg
Neuhausen
Neuaubing
96a
29
39
64
Pasing
108
Passinger
Stadtpark
Lochham
Laim
Westend
A96
A96
106
Gräfelfing
Hadern
Würm
72
Thalkirchen
Martinsried
Planegg
Krailing
Neuried
Obersendling
Forstenrieder Park
21
Solln
N
A95
26
0
0.5
1 km

Ismaning
4
Hasenbergl
17
97
Freimann
A9
A99
69
Lerchenau
Unterföhring
Isar
Milbertshofen
58
15
2
52
Oberföhring
Englischer Garten
45
3
9c
11
Schwabing
Bogenhausen
60
Daglfing
Maxvorstadt
Denning
Riem
A94
96b
MÜNCHEN
85
Berg am Laim
Trudering
Ostpark
Giesing
59
67
Perlach
Harlaching
Isar
Neubiberg
Perlacher Forst
A8
2
Unterhaching
66
8
Landschaftspark Hachinger Tal
Otto-brunn

Isa Grütering, Natascha Korol,
Theresia Koch
111 Orte für Kinder in Berlin, die man gesehen haben muss
ISBN 978-3-7408-0251-6

Christina Bacher,
Norbert Breidenstein
111 Orte für Kinder in Köln, die man gesehen haben muss
ISBN 978-3-7408-0332-2

Daniela Clément
111 Orte für Kinder in Hamburg, die man gesehen haben muss
ISBN 978-3-7408-0334-6

Cornelia Kuhnert, Günter Krüger
111 Orte für Kinder in und um Hannover, die man gesehen haben muss
ISBN 978-3-7408-0333-9

Cornelia Ziegler
111 Orte rund um München, die man gesehen haben muss
ISBN 978-3-7408-0437-4

Rüdiger Liedtke
111 Orte in München auf den Spuren der Nazi-Zeit
ISBN 978-3-7408-0354-4

Astrid Süßmuth
111 Spukorte in und um München, die man gesehen haben muss
ISBN 978-3-7408-0336-0

Rüdiger Liedtke
111 Orte in München, die Geschichte erzählen
ISBN 978-3-95451-221-8

Rüdiger Liedtke
111 Orte in München, die man gesehen haben muss
ISBN 978-3-89705-892-7

Rüdiger Liedtke
111 Orte in München, die man gesehen haben muss, Band 2
ISBN 978-3-95451-043-6

Christine Hochreiter, Frank Klein
111 Orte in und um Passau, die man gesehen haben muss
ISBN 978-3-7408-0429-9

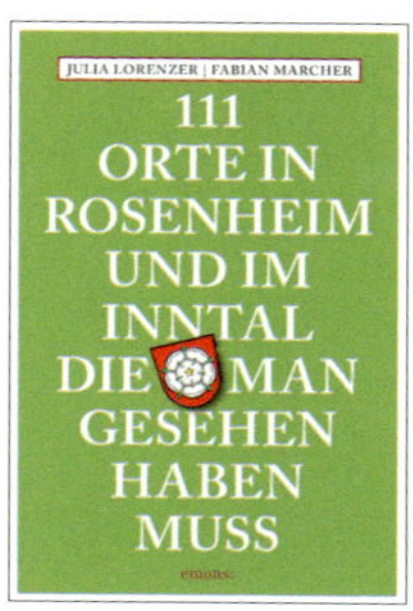

Julia Lorenzer, Fabian Marcher
111 Orte in Rosenheim und im Inntal, die man gesehen haben muss
ISBN 978-3-95451-735-0

Gregor Nagler
111 Orte in Augsburg, die man gesehen haben muss
ISBN 978-3-95451-598-1

Jochen Reiss
111 Orte im Fünfseenland, die man gesehen haben muss
ISBN 978-3-95451-851-7

Dorothea Steinbacher
111 Orte im Chiemgau, die man gesehen haben muss
ISBN 978-3-95451-338-3

Dorothea Steinbacher
111 Orte im Chiemgau und im Rupertiwinkel, die man gesehen haben muss
ISBN 978-3-7408-0131-1

Cornelia Ziegler
111 Orte im Allgäu, die man gesehen haben muss
ISBN 978-3-95451-343-7

Richard Auer, Gerhard von Kapff
111 Orte im Altmühltal und in Ingolstadt, die man gesehen haben muss
ISBN 978-3-95451-616-2

Ottmar Neuburger, Lisa Graf-Riemann
111 Orte im Berchtesgadener Land, die man gesehen haben muss
ISBN 978-3-89705-961-0

Der Autor

Der in München geborene Florian Kinast ist Vater zweier Töchter. 2010 kündigte er nach einjähriger Elternzeit seine Festanstellung als Sportredakteur bei der »Abendzeitung«, um sich zu Hause um die Betreuung seiner Kinder zu kümmern. Seitdem arbeitet er als freier Journalist im Home Office, berichtet unter anderem regelmäßig für »Spiegel Online« über den FC Bayern, veröffentlicht Reportagen und Interviews in der »Abendzeitung«, schreibt Reiseberichte für »Abenteuer & Reisen« – am liebsten aber zieht er mit seinen Kindern los, um in München und Umgebung neue Orte und Plätze zu entdecken.